绿色金融与绿色PPP

● 陈青松　张建红　编著

中国金融出版社

责任编辑：李　融
责任校对：刘　明
责任印制：陈晓川

图书在版编目（CIP）数据

绿色金融与绿色PPP（Lüse Jinrong yu Lüse PPP）/陈青松，张
建红编著.—北京：中国金融出版社，2017.5
　ISBN 978 - 7 - 5049 - 8999 - 4

　Ⅰ.①绿…　Ⅱ.①陈…②张…　Ⅲ.①金融业—经济发展—研
究—中国　Ⅳ.①F832

　中国版本图书馆 CIP 数据核字（2017）第 095327 号

出版
发行　**中国金融出版社**

社址　北京市丰台区益泽路 2 号
市场开发部　（010）63266347，63805472，63439533（传真）
网 上 书 店　http://www.chinafph.com
　　　　　　　（010）63286832，63365686（传真）
读者服务部　（010）66070833，62568380
邮编　100071
经销　新华书店
印刷　保利达印务有限公司
尺寸　169 毫米 ×239 毫米
印张　14.5
字数　180 千
版次　2017 年 5 月第 1 版
印次　2017 年 5 月第 1 次印刷
定价　45.00 元
ISBN 978 - 7 - 5049 - 8999 - 4
如出现印装错误本社负责调换　联系电话（010）63263947

前　　言

近年来，随着经济社会的快速发展和能源消耗剧增，全球生态环境不断恶化，"绿色发展"已经成为世界经济发展新趋势。

实现绿色发展、建设美丽中国，已成为我国经济社会发展的重大国家战略。2015 年 9 月，中共中央、国务院印发《生态文明体制改革总体方案》，明确了我国建立绿色金融体系的国家战略。2015 年 11 月，《中共中央关于制定国民经济和社会发展第十三个五年规划的建议》发布，"创新、协调、绿色、开放、共享"明确成为我国未来五大基本发展理念，"绿色"概念被提上国家纲领。

绿色发展、绿色产业、绿色经济离不开绿色金融，绿色金融将是我国未来一个时期经济、金融领域的关键词。2016 年 8 月，由人民银行等七部委联合发布的《关于构建绿色金融体系的指导意见》（以下简称《指导意见》）指出，绿色金融是指为支持环境改善、应对气候变化和资源节约高效利用的经济活动，即对环保、节能、清洁能源、绿色交通、绿色建筑等领域的项目投融资、项目运营、风险管理等所提供的金融服务。《指导意见》旨在动员和激励更多社会资本投入到绿色产业。绿色金融已上升为国家战略。

自 2014 年下半年起，我国掀起推广 PPP 的热潮。2015 年全国"两会"，PPP 模式被提升到国家战略高度。"十三五"期间，我国绿色融资需求为 14.6 万亿元人民币①，若选择更高标准的环境修复方案，则资金需求高达 30 万亿元。国家面临巨大的资金缺口，政府以 PPP 模式和社会资本合作从而发挥社会资本的优势已成为重要的选项。而为了鼓励社会资本投资绿色 PPP 项目，需要通过大力发展"绿色金融"给予社会资本足够的资金支持。

为大力发展我国的绿色经济、低碳经济、循环经济，实现我国的可持续发展，需将"绿色金融"和"PPP 模式"这两大国家战略紧密融合，联手发力。绿色金融支持绿色产业，绿色产业大量采取 PPP 模式，绿色金融促进我国绿色 PPP 项目的快速落地。

本书就发展和创新绿色金融体系，并围绕包括绿色信贷、绿色债券、绿色基金、绿色证券、绿色保险和碳金融等在内的绿色金融如何推动我国的绿色 PPP 项目进行了深入的分析和研究。同时，本书还对绿色金融支持 PPP 项目的典型案例进行了深度解读。

本书既有关于绿色金融支持绿色 PPP 的宏观理论研究，也有具体的典型案例，很好地将具体案例融合到理论中，并提出了一些独到的看法和见解，对行业人士研究、操作 PPP 项目有较大的借鉴意义。本书可以作为相关政府决策部门、社会资本、金融机构、社会中介机构等 PPP 模式主体以及研究、操作 PPP 项目的专业人士参考。

2017 年 1 月 1 日

---

① 除有特殊说明外，本书以"元"为单位的金额均为人民币。

目　录

第一章　绿色金融上升为国家战略

"绿色金融"成为全球多个国家的发展重点之一。随着我国经济转型和产业结构调整升级、绿色发展、环境治理等一系列国家发展战略实施，绿色金融迅速升温。2015 年，是我国绿色金融发展元年。进入 2016 年，绿色金融发展更加迅速。"绿色金融"已经成为国家战略，绿色金融的潮流不可阻挡。

一、绿色金融成为国家战略

所谓"绿色金融"，是指金融部门把环境保护作为一项基本政策，在投融资决策中考虑潜在的环境影响。"绿色金融"的作用主要是引导资金流向节约资源技术开发和生态环境保护的绿色产业，引导企业的生产注重绿色环保。作为一种金融制度创新，绿色金融在促进我国生态建设和环境保护方面发挥着重要的作用。而在我国大力进行经济转型、产业结构调整升级以及严峻的环保形势大背景下，建立绿色金融体系更是上升到国家战略的高度。

（一）生态文明建设吹响绿色发展号角

党的十八大把生态文明建设纳入中国特色社会主义事业"五位一体"总体布局，明确提出"把生态文明建设放在突出地位，融入经济建设、政治建设、文化建设、社会建设各方面和全过程"。2015年 4 月，党中央、国务院发布了我国生态文明建设的纲领性文件

《关于加快推进生态文明建设的意见》（以下简称《意见》），从而吹响了加快绿色发展的号角。《意见》指出要调整优化产业结构。推动战略性新兴产业和先进制造业健康发展，采用先进适用节能低碳环保技术改造提升传统产业，发展壮大服务业，合理布局建设基础设施和基础产业。积极化解产能严重过剩矛盾，加强预警调控，适时调整产能严重过剩行业名单，严禁核准产能严重过剩行业新增产能项目。《意见》对生态文明建设作出顶层设计和总体部署，我国生态文明建设目标为：到 2020 年，资源节约型和环境友好型社会建设取得重大进展，主体功能区布局基本形成，经济发展质量和效益显著提高，生态文明主流价值观在全社会得到推广，生态文明建设水平与全面建成小康社会目标相适应。大力支持和发展绿色金融，是我国在新形势下深化经济体制改革的重要内容，也是全面贯彻《意见》和《生态文明体制改革总体方案》精神，坚持创新、协调、绿色、开放、共享发展理念的重要举措。

金融既是现代经济的核心，也是经济活动的血液和社会资源配置的重要枢纽，还是调节宏观经济的"杠杆"。因此，发挥绿色金融的作用，对我国绿色发展、经济转型和产业结构调整升级具有重要的意义。

（二）绿色发展上升到前所未有的高度

党的十八届五中全会提出了"创新、协调、绿色、开放、共享"的发展理念，作为五大发展理念之一，"绿色发展"上升到了前所未有的高度。"发展绿色金融，设立绿色发展基金"已被列入国家"十三五"规划。"绿色金融"还首次被写入 2016 年《政府工作报告》。

2016 年 9 月，G20 峰会在杭州举行，在中国的倡议下，G20 峰会首次将"绿色金融"纳入议题并写入 G20 峰会公报。由中国与英国共同成立的 G20 绿色金融研究小组形成并向大会提交了《G20 绿色金融综合报告》，提出了一系列供 G20 和各国政府自主考虑的可选措施①。此外，德国将在 2017 年担任 G20 主席国期间继续研讨由中国发起的绿色金融议题，并由中国人民银行和英格兰银行继续共同主持 G20 绿色金融研究小组。

为贯彻落实党的十八大提出的大力推进生态文明建设的战略部署，十八届三中全会明确提出，建设生态文明，必须建立系统完整的生态文明制度体系，为绿色发展导入了内生的市场机制，中国绿色经济②有着广阔的发展前景。

（三）我国绿色金融快速发展

自 2016 年以来，我国绿色金融发展可用"突飞猛进"四个字来形容。

1. 有关发展绿色金融的政策不断出台

从宏观经济上看，为了加快经济向绿色化转型，提升经济增长潜力，有利于经济持续、健康、稳定发展，我国高度重视构建绿色金融体系，并创造良好的政策环境。发展绿色金融的一个关键因素是制度设计，科学的政策是绿色金融可持续发展的前提和保障。目前，我国正不断加大金融对生态文明建设的支持力度，为让"绿色金融"有法可依、有章可循，我国已经开始借鉴发达国家在绿色金

---

① 具体内容包括：提供支持绿色投资的政策信号；推广绿色金融自愿原则；扩大能力建设网络；支持本币绿色债券市场发展；推动跨境绿色债券投资；推动环境风险问题的研讨；完善绿色金融指标体系。

② 绿色经济是市场化和生态化有机结合、维护人类生存环境、合理保护资源与能源为特征的平衡式经济。绿色经济是人类社会可持续发展的必然产物，其包括生态农业、生态工业、生态旅游、节能环保产业、绿色服务业等。

融政策①方面的先进经验出台绿色金融相关政策，如财政部、国家发改委、环保部、人民银行等部门相继出台了一系列规范性文件，加强金融政策与产业政策协调配合，严格控制对双高（高污染、高能耗）企业以及环境违法企业的资金支持，同时引导金融机构加大对绿色产业的支持力度，不断完善和规范绿色金融体系建设。

（1）2007 年，银监会发布《节能减排授信工作指导意见》（银监发〔2007〕83 号），该文件指出，要大力发展绿色信贷，构建支持绿色信贷的政策体系；2012 年，银监会印发《绿色信贷指引》②（银监发〔2012〕4 号），《绿色信贷指引》分总则、组织管理、政策制度及能力建设、流程管理、内控管理与信息披露、监督检查、附则 7 章 30 条；2015 年，银监会、国家发改委联合出台《能效信贷指引》（银监发〔2015〕2 号）。《能效信贷指引》分总则、服务领域及重点项目、信贷方式与风险控制、金融创新与激励约束、附则 5 章 23 条。

（2）2015 年 9 月，中共中央、国务院发布《生态文明体制改革总体方案》，首次明确提出"要建立我国的绿色金融体系"，标志着指导我国绿色金融发展的顶层设计已经确定。

（3）自 2016 年以来，中国人民银行、证监会、上海证券交易所、深圳证券交易所先后出台了与绿色债券相关的政策文件。如2016 年 3 月，上海证券交易所发布《上海证券交易所关于开展绿色公司债券试点的通知》（上证发〔2016〕13 号）；2016 年 4 月，深圳证券交易所发布《深圳证券交易所关于开展绿色公司债券业务试点

---

① 所谓绿色金融政策是指通过提供贷款、发债、发行股票、私募基金、保险等金融服务，将社会资金引导到支持节能环保、清洁能源、生态保护和适应气候变化等绿色产业发展的一系列政策和制度安排。

② 目前，我国已基本建立以《绿色信贷指引》为核心的绿色信贷制度框架，对银行业金融机构开展节能环保授信和绿色信贷的政策界限、管理方式、考核政策等做出明确规定，确保信贷资金投向低碳、循环、生态领域。

的通知》（深证上〔2016〕206 号）。

（4）2016 年 8 月 31 日，人民银行、财政部、国家发改委、环保部、银监会、证监会、保监会七部委发布《关于构建绿色金融体系的指导意见》（银发〔2016〕228 号，以下简称《指导意见》）。这标志着把发展绿色金融提升到了国家战略高度。具有重要意义的是，《指导意见》为我国绿色金融体系发展做出顶层设计，也是全球首个由政府主导的较为全面的绿色金融政策框架，为市场各方参与者提供了丰富的产品工具和市场机会。《指导意见》将绿色金融上升为国家战略，彰显出中国全力支持和推动绿色投融资、加速经济向绿色化转型的决心，为构建我国绿色金融体系和开创绿色债券发展新局面提供了有效指引。

2. 相关组织机构不断成立

随着我国有关发展绿色金融的政策不断出台，相关组织机构亦不断成立：2014 年 11 月，中国银行业协会成立了绿色信贷业务专业委员会，宗旨是引领会员单位更好地践行绿色信贷标准，整合国内外的政府及社会资源，实现资源的最优配置及绿色信贷项目的可持续发展。推动银行业机构加快完善差别化信贷政策，在积极支持化解过剩产能的同时，防范化解可能出现的金融风险。该委员会编写了国内乃至世界首本绿色信贷教程，是中国银行业集体发力绿色信贷的标志性大事。该委员会的成立是我国绿色金融不断发展壮大，逐步走向成熟的重要标志。

2015 年 4 月，中国金融学会宣布成立绿色金融专业委员会。绿色金融专业委员会主要以组织专题小组形式展开工作。目前，已拟定绿色金融服务和责任投资、政策支持、金融法规、机构建设、绿色产业以及传播推广 6 个小组。

3. 绿色金融取得明显成果

近年来，我国绿色金融取得了明显的成果，尤其是在绿色信贷、绿色债券、绿色基金等领域成果显著。多方预测称，未来我国绿色金融将迎来爆发式增长。

（1）绿色信贷。在绿色金融体系中，目前绿色信贷占有举足轻重的地位。根据中国银行业协会发布的《2015 年度中国银行业社会责任报告》，截至 2015 年末，我国绿色信贷余额达到 7.01 万亿元，比 2014 年末增长了 16.4%，2015 年末的绿色信贷余额占我国全部信贷余额的 10% 左右。

（2）绿色债券。我国从 2016 年年初开始启动绿色债券市场，目前我国已经成为全球绿色债券最大的发行国家。根据《21 世纪经济报道》，2014 年，全球绿色债券发行量比 2013 年上升了两倍，且继续以每年 100% 的速度增长。截至 2016 年 6 月末，中国国内发行的绿色债券约 580 亿元，占全球的 30%。彭博咨询绿色债券数据库数据显示，2016 年，中国绿色债券发行总额达 320 亿美元。其中，约 86% 为境内市场公司及金融机构发行人发行。

（3）绿色基金。根据中国证券投资基金业协会发布的《中国证券投资基金业公募基金管理公司社会责任报告》，数据显示，截至 2016 年 9 月初，国内基金管理机构已经推出以环保、低碳、新能源、清洁能源、可持续社会责任治理为主题基金①约 96 只，规模约 980 亿元，指数型基金②56 只，规模约 470 亿元，总体规模还较小。

（4）绿色证券。绿色证券是继绿色信贷、绿色保险之后的第三项环境经济政策。目前，我国在企业 IPO 中环境保护要求（提交环

---

① 主要集中投资于某一主题的行业和企业中。并不按照一般的行业划分方法来选择投资标的，而是根据经济体未来发展的趋势，将某一或某些主题作为选择行业和投资的标准，满足投资者对特定投资对象的个性化需求。例如"医药主题基金"、"新兴产业基金"、"美丽中国主题基金"和"城镇化主题基金"等。

② 指数基金（Index Fund）指以特定指数（如沪深 300 指数、标普 500 指数、纳斯达克 100 指数、日经 225 指数等）为标的的指数，并以该指数的成分股为投资对象，通过购买该指数的全部或部分成分股构建投资组合，以追踪标的指数表现的基金产品。

保部门核查意见）、上市公司环境信息披露、绿色发展指数等方面都取得了一定的成果。

（5）绿色保险。据环保部网站消息，2008年，我国约有700家企业投保环境污染责任保险，保费收入1,200万元，此后进入平稳增长期，到2012年，全国投保环境污染企业数和保费收入分别为2,000多家和200亿元。到2014年，全国有22个省（自治区、直辖市）近5,000家企业投保环境污染责任保险。

（6）碳排放权交易和碳金融。2011年10月，国家发改委将北京、上海、广东等7省市列为碳排放权试点，探索利用市场机制控制温室气体排放。根据银通智略报告《客户经理手册》（2016年4月），截至2015年3月31日，七地成交量共计2,000万吨，累计成交金额近13亿元。据估算，到2020年，中国碳市场交易规模将达到4,000亿元。

4. 我国具有发展绿色金融的良好环境

近年来，全球生态环境不断恶化①，绿色发展已经成为世界经济发展新趋势，"绿色金融"成为全球多个国家的发展重点之一。一个显然的事实是，近年来，发展绿色金融已经受到世界上越来越多国家的重视。就我国而言，虽然绿色金融比欧美发达国家起步较晚，但发展迅速，且有着良好的环境：比如经济转型和产业结构调整升级、环境治理力度空间、绿色产业基础扎实以及绿色金融市场需求大等。

可以预测的是，未来我国绿色金融体系顶层设计将更加明晰，支持绿色金融发展的产业政策、财政政策、金融政策日臻完善，我

---

① 美国能源信息管理局（EIA）发布的"2016国际能源展望"预计2012—2040年全球能源消耗将增长48%。报告指出，非经合组织的亚洲国家，包括中国和印度，到2040年将占全球能源消耗总增长的一半多。2016年7月第65版《BP世界能源统计年鉴》发布，中国作为世界上最大的发展中国家，在全球能源结构的转型进程中扮演着至关重要的角色，是世界上最大的能源消费国、生产国和净进口国。2015年中国能源消费占全球消费的23%，增长1.5%，占全球净增长的34%。

国将迎来绿色金融发展的黄金期。

二、绿色金融助推传统产业绿色转型

随着 2015 年 11 月《中共中央关于制定国民经济和社会发展第
十三个五年规划的建议》发布，"创新、协调、绿色、开放、共享"
明确成为我国未来五大基本发展理念，"绿色"成为我国五大发展理
念之一。"绿色金融"是指金融机构把环境保护作为一项基本政策，
在经营活动中注重环境保护和环境污染治理，并将与环境条件相关
的潜在成本、风险和回报融合进日常业务。作为一种有效的市场化
安排，"绿色金融"的作用主要是引导金融机构的资金流向节能环
保、清洁能源、绿色交通运输、绿色建筑等绿色产业[①]，从而发展壮
大我国的绿色经济、低碳经济和循环经济。

（一）经济转型和产业结构调整升级的需要

近年来，我国加大经济转型和产业结构调整升级，传统产业加
速向节能环保、低碳、绿色化、可持续性方向发展，并且取得了明
显的成果。而在绿色经济成为我国的国家战略和大力推动绿色产业、
绿色经济的背景下，绿色金融成为我国加快经济转型和产业结构调
整升级的需要。

（二）助推传统产业绿色转型是绿色金融的重要目标

与传统金融更偏重于支持经济发展和金融机构自身的经济利益

---

① 绿色产业在未来有更大的发展空间。党中央、国务院发布了我国生态文明建设的纲领
性文件《关于加快推进生态文明建设的意见》提出，要加快核电、风电、太阳能光伏发电等
新材料、新装备的研发和推广，推进生物质发电、生物质能源、沼气、地热、浅层地温能、
海洋能等应用，发展分布式能源，建设智能电网，完善运行管理体系。另外，节能与新能源
汽车、有机农业、生态农业等也将得到更好的重视和发展。

相比，绿色金融最为突出的特点是更强调人类社会的生存环境利益。也就是说，金融机构将其经济活动所产生的环境效益①作为评判自身经营成果的重要标准，且在经营实践中通过各种绿色金融手段引导企业加强环境保护和经济社会的可持续发展。

发展绿色金融应该以实体经济需求为导向，必须以传统产业的绿色转型为重要目标。如金融机构可以通过加大对绿色项目、绿色产业的资金投入，支持和促进我国的绿色产业快速发展壮大，即是推动我国传统产业结构调整与升级。具体途径表现在：

1. 金融机构通过创新绿色业务和服务、实体企业研究新的绿色技术和创造新的绿色产品市场、消费者形成绿色消费的理念，形成"三位一体"（金融机构、传统企业、终端消费者）的良好格局，实现我国经济的持续、稳定、健康增长，从而逐渐摆脱对老旧技术、化石能源、高污染排放的过度依赖，最终实现"绿色生产、绿色消费"。

2. 发挥金融在国家经济活动中的血脉和资源配置作用，对绿色金融而言：一方面，要引导金融资本、社会资本（既包括产业资金，也包括各类机构和个人投资资金，下同）流向节能环保、清洁能源②、绿色交通运输、绿色建筑等绿色产业，支撑、推动我国的绿色发展；另一方面，引导传统产业加大节能改造的力度，或者从"双高"（高污染、高能耗）产业加快退出，促进我国经济转型和产业结构调整升级。

---

① 环境效益是指企业环境活动所产生的效果或效应，是评价绿色金融支持绿色企业、绿色项目后所产生效益高低的重要因素。以一个生态工业园区建设产生的环境效益为例，其具体内容包括：对合理利用自然资源的影响；对削减园区主要污染物和特征污染物产生和排放量的影响；对提高废物综合利用率的影响；对减轻末端治理压力的影响；对区域水环境质量、大气环境质量的影响；对促进各项环境保护法律、法规、政策等的影响等。

② 2016年10月，国际能源署发布报告，2015年可再生能源首次超过煤炭，成为全球最大新增电能来源。2014年，可再生能源发电新装机容量153吉瓦（吉瓦是功率单位，单位为GW，1吉瓦是10亿瓦），占全球新增装机容量的50%以上。中国占全部可再生能源增量的40%，占风能新增装机容量约一半份额。

（三）绿色信贷在传统产业绿色转型中的重要作用

目前，我国银行业金融机构正加快建设绿色信贷政策体系①，将信贷业务向绿色产业倾斜，从而助推传统产业的绿色转型。

1. 近年来，重庆银行共支持各类节能环保项目 60 个，累计发放贷款 9.9 亿元。重庆银行将环保成套设备、新型节能环保建筑材料、传统工业的节能减排技术改造等项目列为重点支持对象。2015 年初，浙江某新型建材公司和某化工企业在某农商银行申请贷款时却待遇迥异：某新型建材公司因所属行业和投资项目均为"绿色"，获得某农商银行 7 年的绿色信贷支持；而某化工企业因属于落后产能企业，贷款申请被拒。不同项目、不同行业、不同企业，融资待遇天壤之别，本案例正是某农商银行推进绿色信贷、加快传统产业转型的一个缩影。2016 年 1—7 月，福建泉州金融机构发放各类绿色信贷超过 100 亿元，同比增长约 27%，增幅明显高于非绿色信贷业务。分析认为，泉州绿色信贷的调整增长释放出泉州产业转型的积极信号：作为福建省产业经济领域的重要一环，泉州在纺织服装、鞋业等行业有着庞大的产业基础。然而，这类产业多以劳动密集型、资源密集型和能源消耗型为主，在世界经济增长放缓、我国出口增长下滑、国家大力进行经济转型和产业结构转型的背景下，泉州的传统制造业亟待转型升级。事实上，在绿色信贷的大力支持下，目前泉州传统产业加快转型，并向节能环保、光电等新兴产业拓展。绿色信贷支持泉州传统产业转型，为国内其他地区树立了典型。

2. 绿色信贷促进钢铁行业绿色转型。2016 年 6 月，工业和信息化部印发关于《工业绿色发展规划（2016—2020 年）》的通知（工

---

① 资料显示，2015 年，国家开发银行制定《关于做好 2015 年绿色信贷相关工作的意见》；中国工商银行印发《中国工商银行绿色信贷发展战略》；中国建设银行发布《中国建设银行绿色信贷实施方案》；中国光大银行下发《2015 年科技金融业务指引》等。

信部规〔2016〕225号），该通知提出了大力推进能效提升、大幅减少污染排放等十大主要任务，到2020年绿色发展理念将成为工业全领域全过程的普遍要求。该通知指出要大力推进能效提升，加快实现节约发展，以供给侧结构性改革为导向，推进结构节能。以钢铁、石化、建材、有色金属等行业为重点，积极运用环保、能耗、技术、工艺、质量、安全等标准，依法淘汰落后产能和化解过剩产能。

钢铁业是典型的高污染、高能耗产业，也是产能过剩产业，"去产能"成为2015年中央经济工作会议提出的"三去一降一补"（去产能、去库存、去杠杆、降成本、补短板）五大战役的首要任务。作为重化工业的代表，虽然近年来钢铁企业环保投入力度不断加大，但总体来看钢铁企业节能减排压力很大。因此，需要通过工业绿色发展规划逐步淘汰污染严重、技术落后的钢铁企业，促进技术创新，推动我国钢铁行业的绿色化转型。

在银监会、环保部、人民银行等部门的大力推动下，我国银行业金融机构开始通过绿色信贷加快钢铁行业的转型。以"世界钢铁看中国，中国钢铁看河北"的钢铁大省河北省为例，近年来，河北省各银行业金融机构积极支持钢铁行业发展转型。河北银行业在加强风险防控前提下，大力支持钢铁行业发展转型。一是信贷支持稳中有升；二是落实有扶有控的差别化信贷政策，重点支持符合产业、环保政策且具有较强实力的大型钢铁企业；三是积极推进钢铁行业绿色信贷实施，根据河北省银监局的消息，数据显示，2015年河北省银行业金融机构对钢铁行业累计投放节能减排贷款近300亿元，有力地支持了钢铁行业节能环保水平的提升。

三、解读"绿色金融"顶层设计

为全面贯彻党中央、国务院加快推进生态文明建设的总体部署，坚持创新、协调、绿色、开放、共享的发展理念，推动建立中国绿色金融体系，2016 年 8 月 31 日，对于我国发展绿色金融来说极具意义的政策出台，人民银行等七部委发布《指导意见》，这是全球首个由政府主导的较为全面的绿色金融政策框架，对绿色金融的发展给出了顶层设计。

（一）构建绿色金融体系的目的

《指导意见》指出，构建绿色金融体系的主要目的是动员和激励更多社会资本投入到绿色产业，同时更有效地抑制污染性投资。构建绿色金融体系，不仅有助于加快我国经济向绿色化转型，也有利于促进环保、新能源、节能等领域的技术进步，加快培育新的经济增长点，提升经济增长潜力。毋庸置疑，绿色金融能促进节能环保技术的发展。节能环保①、清洁能源、绿色交通运输、绿色建筑等绿色产业属于技术密集型产业（如节能环保产业本身就是"技术驱动型产业"，节能环保产业素有"得技术者得天下"的说法），研发成本较高。在绿色金融的大力支持下，前述绿色产业的相关产品能够得到加快研发，从而提高我国绿色产业的整体竞争力。

从上述表述中可以发现我国构建绿色金融体系目的明确、思路清晰：一是"更为有效地抑制污染性投资"，二是"促进环保、新能源、节能等领域的技术进步"。两个方面既分立又统一：一个是抑制污染，一个是加强技术进步，但最终的指向是一致的：加快我国经济向绿色化转型，大力发展我国的绿色产业、绿色经济。

相关数据显示，我国绿色经济增长模式对资金需求巨大：

---

① 节能环保产业是指为节约能源资源、发展循环经济、保护环境提供技术基础和装备保障的产业，主要包括节能产业、资源循环利用产业和环保装备产业，涉及节能环保技术与装备、节能产品和服务等；其六大领域包括：节能技术和装备、高效节能产品、节能服务产业、先进环保技术和装备、环保产品与环保服务。

1. 未来我国每年投资绿色产业将达到 2 万亿 ~ 4 万亿元，但对应的财政资金仅约为 3,000 亿元，可以说资金缺口巨大，80% 以上的资金需要借助各类社会资本的力量，而这也是"构建绿色金融体系的主要目的是动员和激励更多社会资本投入到绿色产业"的深层原因之一。[①]

2. 我国要实现绿色"城镇化"也面临较大的融资需求。2016 年初，国务院发布的《关于深入推进新型城镇化建设的若干意见》（国发〔2016〕8 号），明确提出加快推进绿色城市、智慧城市、人文城市的意见，包括绿色建筑、绿色交通等绿色产业在城镇化建设中具有长足的发展空间。未来 10 年城镇化投资需求总额约 40 万亿元（每年需约 4 万亿元资金支持，而公共资金占比通常不到 30%）。我国发展绿色经济面临巨大的资金缺口，建立我国的绿色金融体系迫在眉睫。

3. 气候融资资金缺口大。根据《2013 中国气候融资报告：公共资金机制创新》统计预估，要实现哥本哈根会议上提出的到 2020 年年底把单位碳排放强度减少 40% ~ 45% 的目标，相关资金融资缺口每年超过 2 万亿元。[②]

（二）支持和鼓励绿色投融资的激励措施

《指导意见》提出了支持和鼓励绿色投融资的一系列激励措施，

---

① 根据《2013 中国气候融资报告：公共资金机制创新》中的统计预估，要实现哥本哈根会议上提出的到 2020 年年底把单位碳排放强度减少 40% ~ 45% 的目标，相关资金融资缺口每年超过 2 万亿元。据国务院发展研究中心课题组测算，2015—2020 年，我国绿色发展所需要的绿色投资每年大约为 2.9 万亿元。在全部绿色投资中，扣除政府财政资金支持及企业自筹资金，需依靠绿色信贷、绿色债券等绿色金融来筹措的资金缺口每年为 2 万亿元左右。

② 2014 年 11 月，中美双方共同发表了《中美气候变化联合声明》。美国计划于 2025 年实现在 2005 年基础上减排 26% ~ 28% 的目标并将努力减排 28%；中国计划于 2030 年左右二氧化碳排放达到峰值且将努力早日达峰，并计划到 2030 年非化石能源占一次能源消费比重提高到 20% 左右。

包括通过再贷款①、专业化担保机制、绿色信贷支持项目财政贴息、设立国家绿色发展基金等措施支持绿色金融发展。

绿色金融引导和激励更多的社会资本投入到绿色产业，是支持绿色产业、实现绿色发展的重要措施。同样，发展绿色金融也需要来自政府、金融机构等各方的激励。严格来说，当下我国在发展绿色金融的过程中还面临着激励机制不足、标准缺乏可操作性等问题。因此，绿色金融顶层设计对激励措施进行了重点强调。

（三）大力发展绿色信贷

《指导意见》指出，要大力发展绿色信贷，构建支持绿色信贷的政策体系。完善绿色信贷统计制度，加强绿色信贷实施情况监测评价。探索通过再贷款和建立专业化担保机制等措施支持绿色信贷发展。绿色信贷是绿色金融的重要组成部分。早在 2007 年 7 月，原国家环保总局、人民银行、银监会联合发布《关于落实环保政策法规防范信贷风险的意见》（环发〔2007〕108 号），这标志着"绿色信贷"这一经济手段全面进入我国污染减排的主战场。党中央、国务院发布的《关于加快推进生态文明建设的意见》指出，要完善经济政策，健全价格、财税、金融等政策，激励、引导各类主体积极投身生态文明建设。推广绿色信贷，支持符合条件的项目通过资本市场融资。在实践推动绿色信贷上，银监会已开始构建绿色信贷制度框架，且相关政策在国际上都是开创之举。

（四）通过资本市场支持绿色投资

《指导意见》明确了证券市场支持绿色投资的重要作用，要求统

---

① 《中国人民银行对金融机构贷款管理暂行办法》第八条规定，人民银行对金融机构贷款根据贷款方式的不同，可以划分为信用贷款和再贴现两种。信用贷款是指人民银行根据金融机构资金头寸情况，以其信用为保证发放的贷款。

一绿色债券界定标准，积极支持符合条件的绿色企业上市融资和再融资，支持开发绿色债券指数、绿色股票指数以及相关产品，逐步建立和完善上市公司和发债企业强制性环境信息披露制度。绿色证券政策是监管部门从企业融资的角度继绿色信贷、绿色保险政策之后推出的限制高污染和高能耗企业、发展绿色产业的又一重要举措。对拓展绿色项目、发展绿色产业的绿色公司而言，其借助外部资金的力量主要来源于两个方面：一是以银行业金融机构为代表的间接融资，二是以登陆资本市场为代表的直接融资。两种融资模式各有优缺点，现实情况是，随着我国资本市场的不断开放，越来越多的企业将目光瞄准资本市场，通过资本市场直接融资。因此，建立健全绿色证券法律法规体系尤其重要。

（五）发展绿色保险

《指导意见》提出要发展绿色保险，在环境高风险领域建立环境污染强制责任保险制度。按程序推动制订和修订环境污染强制责任保险相关法律或行政法规，由环境保护部门会同保险监管机构发布实施性规章。绿色保险在我国的发展现状是：企业环境污染责任保险参保少，绿色保险规模小，环境污染责任保险缺乏法律强制性、保险公司专业化程度不够等。因此，面对我国严峻的环保形势和大力发展绿色产业的大背景，要大力发展绿色保险，在更广领域更深层次推行强制性绿色保险。

（六）完善环境权益交易市场、丰富融资工具

《指导意见》提出发展各类碳金融产品。促进建立全国统一的碳排放权交易市场和有国际影响力的碳定价中心。有序发展碳远期、碳掉期、碳期权、碳租赁、碳债券、碳资产证券化和碳基金等碳金融产品和衍生工具，探索研究碳排放权期货交易。推动建立排污权、

节能量（用能权）、水权等环境权益交易市场。在重点流域和大气污染防治重点领域，合理推进跨行政区域排污权交易，扩大排污权有偿使用和交易试点。自 2013 年我国开始试点碳交易以来，目前已经有 7 个交易试点①。我国环境交易市场潜力巨大，但存在企业信息不对称、专业知识缺乏以及相关环境权益交易产品价值被严重低估等不足。2017 年，我国将启动全国碳排放交易体系，环境权交易迎来重要的发展机遇期。

四、我国绿色金融发展仍处于起步阶段

按照官方定义，绿色金融是指为支持环境改善、应对气候变化和资源节约高效利用的经济活动，即对绿色产业投融资、项目运营和风险管理等所提供的金融服务。绿色金融主要包括两个方面的含义：一是金融部门通过创新绿色金融产品和服务，引导资金流向节能环保、清洁能源、绿色交通运输、绿色建筑等绿色产业，同时严格控制对"两高一剩"（两高行业指高污染、高能耗的资源性的行业，一剩行业即产能过剩行业）企业和污染项目的资金支持，实现我国经济社会绿色、低碳、可持续发展；二是在国家大力发展绿色经济、低碳经济、循环经济的背景下，金融机构也需顺势而为，加大在绿色金融领域的投入，实现自身可持续发展。

近年来，环保部、人民银行、银监会、证监会、财政部、国家

---

① 作为国内最具影响力的环境权益交易市场之一，2008 年，北京环境交易所有限公司（环交所）经北京市人民政府批准，由北京产权交易所有限公司、中海油能源发展股份有限公司、中国国电集团公司、中国光大投资管理公司、中国石化集团资产经营管理有限公司、中国节能环保集团公司、鞍钢集团公司等机构发起成立，是集各类环境权益交易服务于一体的专业化市场平台。自挂牌成立以来，环交所相继成立了碳交易、排污权交易、节能量交易和低碳转型服务等业务中心，形成了完整齐备的业务条线，在交易服务、融资服务、绿色公共服务和低碳转型服务等方面开展了卓有成效的市场创新。

发改委等先后发布一系列支持我国绿色金融发展的法规、政策，从而形成了我国"绿色信贷""绿色债券""绿色基金""绿色保险"等主要内容在内的"绿色金融"政策框架。总的来说，我国绿色金融处于起步阶段，仍面临诸多发展的难题。

（一）绿色金融处于起步阶段

1. 法律制度不健全、信息沟通不畅。目前，我国有关绿色金融的法律法规体系还不完善。以绿色产业领域的节能环保行业为例，研究发现，为加大环境整治力度，虽然我国相继出台了一系列环境保护法律法规，但是存在环保核查制度以及环境信息披露制度不完善等问题，再加上处罚力度不够、环境违法成本低，部分企业敢于铤而走险挑战制度底线，目的就是抓住制度和管理的漏洞谋利，这就使得绿色金融的发展遇到很大的困难。

2. 我国金融机构股东、投资者和员工在环境保护和社会责任意识方面还有待提高，多数情况下经济利益考核偏重，而社会责任、节能环保利益偏轻。严格来说，"绿色金融"在我国部分金融机构还处于讨论和探索层面，还没有建立起与绿色金融相配套的制度，也没有将"绿色金融"真正提升到金融机构的战略层面，更不用说落实到执行层面。部分金融机构决策者对"绿色金融"的认识还不够深入，这直接决定了绿色金融很难落地，进而影响我国绿色产业的大发展。

3. 绿色信贷发展情况。从绿色金融的发展进程来看，与经济和金融体系发达的欧美国家相比，我国绿色金融起步较晚，仅绿色信贷形成了较为完整的体系。2007 年 7 月，原国家环保总局、人民银行、银监会联合发布《关于落实环保政策法规防范信贷风险的意见》（环发〔2007〕108 号），这标志着"绿色信贷"进入我国污染减排主战场。近年来，我国银行业大力推进了绿色信贷业务，相继制定实施了"环保—票否决制"、"节能减排专项贷款"以及"排污权抵押贷款"等金融产品和服务。现阶段，我国绿色金融仍以信贷为主，直接融资比重小。2016 年 9 月，银监会发布的数据显示，截至 2016 年 6 月末，21 家主要银行业金融机构绿色信贷余额达 7.26 万亿元，占各项贷款的 9%。同时节能环保项目和服务资产质量较好，其不良贷款余额为 226.25 亿元，不良率仅为 0.41%，低于同期各项贷款不良率 1.35 个百分点。

4. 绿色债券发展情况。如果说绿色信贷是我国绿色金融体系中最主要的绿色融资模式，那么绿色债券则是最有潜力的绿色融资模式。从绿色债券的发展阶段来看，与其他绿色金融工具较发达国家起步较晚不同，我国绿色债券与世界上发达国家同处于起步阶段：绿色债券是近年来国际上新兴的债券品种，其主要目的是为环境保护、可持续发展等绿色项目提供资金支持和保障。① 2007 年，欧洲投资银行发行了全球首只绿色债券"气候意识债券"（从绿色债券名称来看，债券发行的目的就是为了保护环境和实现经济社会可持续发展）。目前，绿色债券在我国发展迅速。不过，从体量上来看我国绿色债券发行量仅占全部债券的 2%，而我国每年绿色投资需求为 2 万亿~4 万亿元，绿色债券市场发展潜力巨大。

5. 绿色基金发展情况。国际上的绿色基金主要有德意志银行x – trackers、标普美国碳减排基金、巴克莱银行的"全球碳指数基金"（挂钩全球主要温室气体减排交易系统中碳信用交易情况的基金）等。在绿色基金方面，我国起步较晚。目前，在国内 A 股市场出现了部分基金产品。但总的来说这些基金规模不大且其要求并不十分严格，其投资并未严格限定为环保主题。

---

① 资料显示，国际上已经发行绿色债券的机构主要有世界银行、亚洲发展银行、英国绿色投资银行等，这些绿色债券的承销商一般是国际上主要的投资银行，而投资者主要是大型的机构投资者和部分高净值的个人投资者。

6. 绿色保险发展情况。我国绿色保险起步较早发展较慢。早在20 世纪 90 年代初，我国就开始出现单独运行（非以附加险形式运行）的环境污染责任保险。当时法律法规政策都比较滞后，市场规模很小，到 90 年代中期基本处于停滞状态。2007 年我国就开始在部分地区开展环境污染责任保险试点。目前，我国已经有中国人民财产保险股份有限公司、中国平安保险（集团）股份有限公司和华泰财产保险股份有限公司等 10 余家保险企业推出环境污染责任保险产品。环保部数据显示，2007—2015 年，我国投保环境污染责任保险的企业已经超过 2.5 万家次，保险公司提供的风险保障金累计超过600 亿元，涉及重金属、石化、危险化学品、危险废物处置、医药、印染等行业。从总体情况来看，我国环境污染责任险推进比较缓慢，企业参保的积极性不高。

（二）缺乏内外部激励机制，绿色金融优惠政策推进较慢

1. 产业的发展需要金融的支持。同理，处于快速成长期的绿色产业的发展需要绿色金融的帮助和扶持。然而，当前我国绿色产业却面临资金支持体系缺位的窘境，主要是绿色产业如节能环保、清洁能源、绿色交通运输等投资规模大、回报率较低，再加上产业处于成长期，大部分企业资产规模较小、信用度不高，因此融资渠道单一（企业主要是向银行借贷和民间融资，借助债券、基金、信托等方式融资的不多）、融资成本较高。而根本的原因是我国目前还缺乏鼓励绿色投资的激励机制。

我国政府部门还没有建立起对金融机构发展绿色金融的激励机制。绿色产业领域的绿色项目大多具有投资额大（通常为数亿元甚至十几亿元、几十亿元）、回报周期长（如环保类的绿色 PPP 项目运营周期为 10～30 年）、风险较大（如清洁能源、轨道交通等项目存在较大的建设和运营风险）的特点，作为独立核算、自负盈亏的

市场竞争主体，金融机构毕竟不是公益组织，其对绿色项目持有严格谨慎之态度犹可理解，关键的因素是金融机构缺乏内外部的激励机制，政府部门需要做的是激励金融机构更好地发展"绿色金融"、更有力地支持绿色产业。

2. 从发达国家发展绿色金融的经验来看，包括产业、财政、金融方面的优惠政策是促进绿色金融发展的重要保障。不过，我国在绿色金融政策优惠方面推进较慢。分析原因，主要有三点：一是我国绿色金融起步时间不长，部分政策在短时间内实施的难度较大；二是绿色金融优惠政策涉及行业较多，需要多方协调（我国绿色金融的政策制定者主要是国务院、相关国家部委如财政部、国家发改委、环保部、央行、证监会、银监会、保监会以及地方政府），政策的出台有一个协调的过程；三是部分已经出台的优惠政策目前仍处于"试验"阶段，"试验"结果具体如何有一个渐进和观察的过程，不可能一蹴而就、马到成功，不仅如此，在"试验"后期还有一个针对具体问题修订的过程。

（三）存在信息披露问题

绿色产业的发展离不开绿色金融，绿色金融要健康、快速、稳定的发展，与企业环境信息披露密切相关。从国际范围看，世界上有相当多的国家出台了强制信息披露制度及对虚假信息严格的惩罚机制，如美国《证券法》规定上市公司要披露环境负债、遵循环境等内容。美国证券交易委员会颁布的《92 财务告示》要求上市公司及时准确地披露现存或潜在环境责任，对于不按照要求披露或者披露信息严重虚假的公司将处以 50 万美元以上的罚款并通过新闻媒体对其违法行为进行曝光。早在 1992 年，英国就开始实施环境成本信息披露表彰制度，并取得了明显的成果。根据 Trucost 公司 2013 年发布的报告，2011—2012 财年，FTSE All‑share 指数中的 443 家英国公司100%通过年报、社会责任报告等不同形式披露了该企业的环境问题，并且这些公司全部将企业所产生环境影响进行了量化。此外，发达国家如日本、丹麦、瑞典、荷兰、挪威都强制规定企业披露环境信息。目前，全球有20多个交易所要求上市企业披露环境信息，上市公司已经成为披露环境信息的主体。国内交易所尚未强制要求上市公司披露其环境信息，对上市公司环境信息披露激励措施不足，环境信息数据可靠性无法保证。

（四）金融机构缺乏专业人才队伍

当前，我国金融机构缺乏绿色金融方面的专业人才队伍，尤其是缺乏既懂金融、财务、绿色项目业务模式，又懂绿色技术方面的综合型人才，导致金融机构发展绿色金融步伐缓慢。

五、如何发展我国绿色金融？

绿色金融的本质是"金融"，不过，其与传统金融相比又有其独特性，关键是其"绿色"属性。严格来说，绿色金融最突出的特点是更加强调所支持项目的环保属性、清洁属性、低碳属性、可持续发展属性，其将人类社会的生存环境利益作为重中之重。说到底，绿色金融通过金融活动与环境保护、生态平衡的有效"对接"，实现经济社会的可持续发展。因此，我国要高度重视绿色金融的发展，加强金融政策与产业政策的协调配合，严格控制"双高"（高污染、高能耗）企业的融资，重点支持绿色产业发展。2015年底，中国环境与发展国际合作委员会发布的《绿色金融改革与促进绿色转型课题》预测，未来5年内，我国绿色金融的资金需求规模最少为14.6万亿元，相当于年均融资规模约3万亿元，市场机会巨大。

（一）我国亟待发展绿色金融

可以明确的是，当前和今后相当长一段时间，绿色发展、绿色产业都是我国的重点任务。那么，绿色发展、绿色产业和绿色金融三者之间是什么辩证关系呢。简单概括就是："绿色发展"是我国五大发展理念之一，是今后我国发展的方向和目标；绿色产业是落实我国绿色发展的具体体现，需要节能环保、清洁能源、绿色交通运输、绿色建筑等各类绿色产业逐步的发展、壮大；而绿色金融则是引导和激励更多的社会资本投入到绿色产业。可以说，绿色金融是支持绿色产业、实现绿色发展的重要措施。

对地方政府而言，在我国经济发展进入新常态、经济转型和产业结构调整升级的背景下，大力发展绿色经济、低碳经济、循环经济，改善投资环境、积极引进优质企业尤其是绿色企业是实现地方经济社会快速发展的重要举措。而要保证前述举措能够真正落地且见到实效，必须大力发展绿色金融，将其作为一项基础性的工作来抓，不断完善产业、财政、金融等各方面的优惠政策，让绿色金融为"绿色产业"服务。

（二）发展我国绿色金融的策略

就如何更好地推动我国"绿色金融"的发展，应围绕以下几方面开展。

1. 推动绿色金融立法，完善绿色金融政策支持体系

（1）建立健全绿色金融法律法规政策，是推动我国绿色金融体系形成、加快我国绿色金融市场发展的前提和关键性因素。当前，我国绿色金融法律法规政策的特点主要表现在：政策宏观指导性较强，但实践操作指导性不够。这就需要出台更加具体、细化、指导性强的绿色金融法律法规政策，如完善绿色信贷等业务实施细则，

强制企业（包括上市公司或未上市公司）进行环境信息披露，从而让绿色金融"有法可依、有章可循"。

（2）国家应该加快节能减排法制化进程，通过立法确定节能减排约束性指标，让"绿色金融"与节能环保、清洁能源、绿色交通运输、绿色建筑等绿色产业实现"无缝对接"。党中央、国务院发布的《关于加快推进生态文明建设的意见》指出，要健全法律法规，研究制定节能评估审查、节水、应对气候变化、生态补偿、湿地保护、生物多样性保护、土壤环境保护等方面的法律法规，修订《土地管理法》、《大气污染防治法》、《水污染防治法》、《节约能源法》、《循环经济促进法》、《矿产资源法》、《森林法》、《草原法》、《野生动物保护法》等。

（3）借鉴发达国家的先进经验，建立环境保护与绿色金融的相互融合和相互协调机制，实现环保部门与金融机构之间信息共享，确保绿色金融业务规范有序发展。

2. 加大政府扶持绿色金融的力度

鉴于绿色金融的公共产品特性，需要政府给予一定的政策扶持才能促进绿色金融的持续发展。如上所述，绿色金融在我国还处于起步阶段，无论是金融机构还是企业，其投资绿色项目、绿色产业的积极性还有待提高。究其原因，缺乏发展绿色金融的激励政策是重要的因素之一。而政府部门出台积极的财政补贴（尤其是财政、发改委与银行监管部门和金融机构合作，针对绿色项目制订科学有效的贴息计划）、税收减免等优惠政策，以及加强货币政策、金融政策与产业政策的协调与配合，可以大大激发金融机构和企业投资绿色产业的热情和动力，推动我国绿色经济的发展。①

---

① 2016 年 8 月 31 日，人民银行、财政部、国家发改委、环境保护部、银监会、证监会、保监会七部委发布《关于构建绿色金融体系的指导意见》（银发〔2016〕228 号）指出，建立健全绿色金融体系，需要金融、财政、环保等政策和相关法律法规的配套支持，通过建立适当的激励和约束机制解决项目环境外部性问题。

3. 建立完善绿色金融信息披露制度和监管制度

只有建立统一、透明的环境信息披露制度，才能保证金融部门、企业、投资者的资金流向真正"绿"的企业和项目，保证资金"远离"污染企业和项目，确保"绿色金融"的"绿"是真正有含金量的"绿"。除信息披露外，完善的监管制度也是绿色金融持续发展的保障。因此，要加强环保部门与央行、证监会、银监会、保监会等各监管部门之间的协调配合，大力发挥舆论、媒体、公益组织、第三方机构等各方的监督职能，打造"纵向监管、横向监督"的多层级监管体系。

此外，要充分利用社会中介机构、评级机构、监督机构乃至智库的力量，建立环境成本信息系统和绿色评级体系，为绿色金融服务绿色产业"保驾护航"。目前，我国大力鼓励第三方认证机构参与、服务绿色金融体系的建设，倡导第三方机构发挥自己的专业特长为政府、金融机构和企业服务。

4. 政府、金融机构和企业形成合力

研究认为，构建和完善我国绿色金融体系是一个系统工程，需要各主管部门、各级政府、各类金融机构和企业的"多轮驱动"。权威专家指出，根据欧美发达国家积累的发展绿色金融的经验，一国要发展绿色金融，需要有强大的推动力。而推动力的主体，则主要由三部分构成：第一大推动力来自政府等公共部门，即由政府部门制定结构分明、覆盖面广、科学合理、可执行力强的产业政策、财税政策、金融政策、环保政策（环保行业属于政策推动性行业）、采购政策等来推动；第二大推动力来自金融部门，包括政策性金融机构和商业性金融机构，通过金融部门创新实践绿色信贷、绿色债券、绿色基金、绿色资产证券化、绿色保险等；第三大推动力则来自于实体企业（尤其是节能环保、清洁能源、绿色交通运输、绿色建筑等绿色企业），如实体企业发行绿色债券、设立绿色基金等。

5. 金融机构创新与转型

（1）2016 年 8 月，人民银行等七部委发布的《指导意见》指出，建立健全绿色金融体系，同时也需要金融机构和金融市场加大创新力度，通过发展新的金融工具和服务手段，解决绿色投融资所面临的期限错配、信息不对称、产品和分析工具缺失等问题。作为在绿色金融体系中扮演重要角色的金融机构，面对我国发展绿色金融这个千载难逢的良机，应改变传统经营理念，提升创新意识，积极推进业务转型。银行、基金、证券、保险等金融机构均应从各自的角度出发并互相配合，深度介入绿色金融业务，建立符合我国经济和金融发展实际的绿色金融体系。对金融机构而言，其重要的功能是支持经济的发展。以当下绿色金融领域的主体绿色信贷为例。银行业金融机构要主动发挥优化绿色金融生态环境的重要作用，按照"区别多贷、有保有压"的原则用"行动"传导我国绿色金融政策：一方面，加大对绿色产业的信贷支持力度，尤其是对企业的技术创新和改造、节能减排要重点支持；另一方面，严格限制对"高污染、高能耗"行业的贷款，尤其是可能对生态造成严重破坏的项目不予信贷支持。对此，国内多家银行出台了环保一票否决制。如 2007 年 9 月中国工商银行《关于推进"绿色信贷"建设的意见》提出环保一票否决制，主要是对违反或者不符合国家环保政策的项目进行信贷制约，对有利于环境保护的企业和项目提供信贷支持并实施一系列适合的优惠政策。截至 2015 年末，中国进出口银行绿色信贷余额 766 亿元，同比增长 45%，该行对项目环评实施一票否决制。

（2）从辩证的角度看，金融机构通过绿色金融支持绿色项目、绿色产业、绿色经济、绿色发展，并非是单向的"帮助"和"支持"，在金融市场化的今天，对于金融机构来说，发展绿色信贷、绿色债券、绿色基金、绿色保险等既是我国经济转型、生态文明建设、环境保护的客观要求，也是金融机构自身业务转型的内在需要。

6. 建立绿色机构投资者网络

绿色金融的重要参与主体之一是机构投资者。专业人士建议，为发展我国绿色金融，应建立我国的绿色机构投资者网络，该网络主要由机构投资者组成，核心是以网络为基础达成绿色投资的社会责任协议，并在投资决策程序中引入环境保护、环境效益以及企业的社会责任等。[①] 具体来说，要借鉴国际先进经验并针对我国的经济发展国情和金融发展状况，引导机构投资者积极投资绿色项目、推动机构投资者在投资决策过程中引入环境评估、推动机构投资者对绿色项目投资的信息共享并提高投资水平等。

(三) 绿色金融发展前景广阔

当前我国已经进入经济转型和产业结构调整升级的关键时期，"绿色产业"已经成为国家重点推广的产业，而绿色产业的发展对金融的需求也日益强劲，"绿色金融"在我国被赋予更多的使命，被提到了更高的位置，上升为国家发展战略、环境污染治理力度空前、绿色产业市场巨大……毋庸置疑，绿色金融在我国的发展面临着千载难逢的机遇，前景非常广阔。

业内专家表示，从全球来看三大政策背景正推动全球和我国绿色金融的发展：一是《巴黎协定》要求未来全球温度升幅应控制在2℃以内，因此必须改变能源结构实施清洁能源以减少碳的排放，而

---

① 资料显示，目前国际上已有一大批机构投资者组成各种网络，比较重要的绿色投资者网络有：成立于 2003 年的 The Investor Network of Climate Risk（INCR），其包括 100 个大型投资者，共管理资产 11 万亿美元；成立于 2001 年成员约 80 个的 The Institutional Investor Group of Climate Change（IIGCC），其包括了欧洲的主要养老金和其他机构投资者，共管理资产 7.5 万亿欧元；2000 年成立的 The Carbon Disclosure Project（CDP），其搜集和公布 30 个国家的 2,500 个机构（企业）的碳排放数据和由此导致的商业风险，并代表管理 87 万亿美元的 722 个机构投资者。

向清洁能源转型则需要大量绿色投资；二是 2016 年 9 月杭州 G20①
峰会，在轮值主席国中国的倡议下，二十国集团建立了绿色金融政
策研究组，并首次将绿色金融写入峰会年度公报；三是人民银行等
七部委发布的《指导意见》，为我国绿色金融的发展提供了重要的依
据和相关的激励机制。

---

① 20 国集团（G20）是一个国际经济合作论坛，于 1999 年 9 月 25 日由八国集团（G8）
的财长在德国柏林成立，于华盛顿举办了第一届 G20 峰会，属于非正式对话的一种机制，由
原八国集团以及其余 12 个重要经济体组成，宗旨是为推动已工业化的发达国家和新兴市场国
家之间就实质性问题进行开放及有建设性的讨论和研究，以寻求合作并促进国际金融稳定和
经济的持续增长。20 国集团成员涵盖面广，代表性强，该集团的 GDP 占全球经济的 90%，贸
易额占全球的 80%，因此已取代 G8 成为全球经济合作的主要论坛。

第二章 绿色 PPP 快速发展

自 2014 年以来，从中央到地方都在大力推广 PPP。2015 年全国两会，PPP 模式被提升到国家战略高度。随着支持 PPP 发展的全局规划、顶层设计和一系列配套政策的出台，十万亿级的 PPP 市场已经形成。其中，以节能环保、绿色交通运输、清洁能源、绿色建筑等为代表的绿色 PPP 项目占有重要的一席之地。

一、绿色 PPP 举足轻重

当前，PPP 已经成为我国经济的一个热点。

PPP（英文 Public Private Partnership 的缩写）即政府和社会资本合作共同提供基础设施及公共服务①。关于 PPP，虽然英国、德国、美国等国以及包括世界银行、欧盟委员会和亚洲开发银行等均有不同的理解，表述大同小异，但中心意思即"公共部门与私人部门的合作，为公共部门提供公共项目或服务，满足公共需求"。从各国、各地区和国际组织对 PPP 的理解来看，PPP 有广义和狭义之分。广义的 PPP 是政府与私人组织之间为合作建设城市基础设施或为提供某种公共物品和服务，以特许权协议为基础，彼此之间形成的一种伙伴式的合作关系。而狭义的 PPP 可以理解为一系列项目融资模式

---

① PPP 模式雏形最早起源于 17 世纪的英国，距今已有数百年历史。PPP 模式取得长足发展则是自 20 世纪 90 年代起，欧美、日本等地进行了成功探索和实践，对所在国经济社会发展产生了巨大推动作用。深圳沙角 B 电厂被认为我国真正意义上的第一个 BOT 项目。

的总称，包含 BOT、TOT、ROT、BOO 等多种模式。

2014 年 11 月，财政部《关于印发政府和社会资本合作模式操作指南（试行）的通知》（财金〔2014〕113 号）中指出"项目运作方式主要包括委托运营、管理合同、建设—运营—移交（BOT）、建设—拥有—运营（BOO）、转让—运营—移交（TOT）和改建—运营—移交（ROT）等"。2014 年 12 月，国家发改委《关于开展政府和社会资本合作的指导意见》（发改投资〔2014〕2724 号）中指出，经营性项目可以通过政府授予经营权，采用 BOT、BOOT 等模式推进；准经营性项目可通过政府授予特许经营权附加部分补贴或直接投资参股等措施，采用 BOT、BOO 等模式推进；非经营性项目可通过政府购买服务，采用 BOO、委托运营等市场化模式推进。

（一）PPP 大发展

1. PPP 上升为国家发展战略

党的十八届三中全会提出，允许社会资本通过特许经营等方式参与城市基础设施投资和运营，正式将 PPP 模式纳为重要改革事项。2014 年 10 月，李克强总理主持召开国务院常务会议，要求大力创新融资方式，积极推广 PPP 模式。2015 年全国两会，"PPP 模式"和"互联网＋"同时被提升到国家战略高度。

2. 支持 PPP 发展的政策密集出台

行业发展，政策先行。统计显示，自 2014 年以来，国家部委出台的 PPP 政策达 60 多个，地方政府亦出台 100 多个支持 PPP 的政策文件。其中，2015 年 5 月，国务院办公厅转发了财政部、国家发展和改革委员会、中国人民银行联合制定的《关于在公共服务领域推广政府和社会资本合作模式的指导意见》（国办发〔2015〕42 号）。该文件体现了国家对推广 PPP 的宏观思考和总体把握，以及对 PPP 发展各方面、各层次、各要素的统筹规划，被称为推广 PPP 的"全局规划"和"顶层设计"。

3. 十万亿级 PPP 市场已经形成

自 2014 年以来,从中央到地方都在大力推广 PPP。随着一系列配套措施的密集出台,PPP 迅速进入高潮,呈现速度快、力度大、范围广的特点,其应用领域也从之前的高速公路等基础设施领域迅速向供排水、垃圾处理、河道治理等市政领域拓展,现已广泛覆盖到能源、交通、环保、市政、城镇化建设、文化、教育、医疗、卫生、养老等近 20 个领域。财政部 PPP 综合信息平台季报显示,截至 2016 年 12 月末,财政部 PPP 项目库入库项目 11,260 个,投资额 13.5 万亿元,另有发改委两批示范项目,总额接近 17 万亿元。

(二) 绿色 PPP 占有重要地位

在规模体量高达十万亿元的 PPP 市场中,绿色 PPP(PPP 项目所属产业为绿色产业,即节能环保、清洁能源、绿色交通运输、绿色建筑等)占有重要的一席之地,以节能环保 PPP 和绿色交通运输 PPP 为例。

1. 节能环保。随着我国大力推广 PPP 模式,央企、国企、民企、外资以及混合所有制企业等各类社会资本积极介入,国内掀起 PPP 的热潮。PPP 各个主要领域中,环保行业无疑占有举足轻重的地位,我国 PPP 领域渐次掀起环保"建设潮"。在大气、水、土壤 3 个"十条"下,"十三五"环保市场潜力巨大,总的社会投资有望达到 17 万亿元。17 万亿元的节能环保市场,将为 PPP 模式下的社会资本提供巨大的市场机会。财政部公布的第一批 30 个 PPP 示范项目中,环保类项目共 15 个,其中供排水项目为 12 个,占比达到 80%;第二批 206 个示范项目中,环保类项目共 66 个,其中供排水项目 27 个,占比超过 40%;第三批 516 个示范项目中,生态建设和环境保护类项目共计 46 个,投资总额 810.56 亿元,项目数量占比 8.9%,

投资总额占比 6.9%。

2. 绿色交通运输。交通运输是 PPP 领域的重点，截至 2016 年 4 月，财政部 PPP 信息中心项目库中交通运输行业 PPP 项目投资额达到 4.5 万亿元，占据各行业之首。财政部第三批 PPP 示范项目，交通运输类项目共计 62 个，投资总额超过 5,000 亿元，项目数量占比 12%，投资总额占比达 43%，投资总额亦占各大行业之首。[①] 在交通运输 PPP 项目中，绿色交通运输 PPP 举足轻重，其包括各种低污染车辆，如电动汽车、太阳能汽车、无轨电车、有轨电车、轻轨、地铁等。

二、节能环保产业进入发展新阶段

大气污染、水污染、土壤污染……在经历多年的粗放式发展后，我国环境污染事件频发，环境污染形势日益严峻。因此，发展绿色经济、低碳经济、循环经济成为当下我国从中央到地方的共识，一系列关于节能环保的产业政策、财政政策以及金融政策先后出台，这意味着我国的节能环保市场迎来广阔的发展前景。所谓节能环保产业，是指为节约能源资源、发展循环经济、保护环境提供技术基础和装备保障的产业，其主要包括节能产业、资源循环利用产业和环保装备产业，涉及节能环保技术与装备、节能产品和服务等。

（一）我国环保形势严峻

1. 目前，我国环保形势十分严峻，数据最有说服力。2015 年 6

---

① 第三批 PPP 示范项目中，市政工程、交通运输、生态建设和环境保护、城镇综合开发四类行业项目数最多，占比分别为 43%、12%、9%、6%，合计占比达 70%；交通运输、市政工程、城镇综合开发、生态建设和环境保护的投资额最大，占比分别为 43%、27%、10%、7%，合计占比达 87%。

月，环保部发布《2014 中国环境状况公报》。公报显示，2014 年全国开展空气质量新标准监测的 161 个城市中，仅有 16 个城市空气质量年均值达标，达标城市不足 10%。2014 年上半年，全国地表水总体为轻度污染，监测的 962 个国控断面中，Ⅰ～Ⅲ类水质断面占62.8%，同比降低 0.9 个百分点；劣Ⅴ类占 10.7%，同比降低 0.8个百分点。主要污染指标化学需氧量、总磷和氨氮的超标断面比例分别为 24.6%、22.1% 和 15.2%。十大流域中Ⅰ～Ⅲ类水质断面占69.7%，劣Ⅴ类占 9.9%。我国近 40% 的废水未经处理直接排放到江、河、湖、海中，对地表水体造成巨大污染。2013 年我国人均可再生水资源仅为 2,072.37 立方米，水资源短缺、水污染严重是我国水环境面临的迫切问题；根据 2014 年 4 月环保部和国土资源部发布的《全国土壤污染状况调查公报》，全国耕地、林地、草地土壤点位污染物超标率分别为 19.4%、10.0%、10.4%。

除大气、水、土壤等污染外，近年来，我国工业固体废物的产生量也增长很快。环保部数据显示，2005—2015 年，我国工业固体废物产生量年平均增长率为 9.8%，"十二五"以来年产生量超过 30亿吨，2015 年产生量达到 32.71 亿吨（含工业危险废物产生量3,976.11 万吨）。此外，国家新型城镇化规划提出到 2020 年我国城镇化率将达到 60%，将有 1 亿左右农业转移人口和其他常住人口在城镇落户。同时，到 2020 年我国将基本实现工业化。在工业化和城镇化进程加快的背景下，我国污染排放新增压力将持续处于高位水平，钢铁、水泥等重化工业产能陆续到达顶峰。

2. 分析我国环境污染严重的原因，与我国的产业结构、能源结构和交通运输结构关系密切。归根结底，环境污染的背后是我国不合理的经济发展结构。以近年来让人们谈虎色变的雾霾为例。雾霾的发生就与我国污染性的产业结构①、能源结构②和交通运输结构③息息相关。

（二）节能环保产业仍处于起步发展阶段

我国节能环保产业仍处于起步发展阶段，产业仍不成熟。

1. 环保投入较低。研究发现，当一个国家的环保投入占到该国GDP 的比重为 2%～3% 时，该国的环境质量才能够得到明显改善。对比发现，我国环保产业由于起步时间短、起点低，再加上历史欠账多，环保投入占 GDP 的比重一直较低（此前 20 多年时间里这一比例长期在 1% 以下），远远落后于发达国家（从世界范围看，美国、德国、日本等发达国家的环保产业规模庞大且发展迅速，美国是世界上最大的环保产业生产和消费国，其节能环保产值约占全球的 1/3；德国节能环保产业有望在 2020 年超过传统的汽车和机械制造业从而成为主导产业；日本节能服务业每年以 30% 的速度高速增长）。

2. 节能环保企业规模和整体实力参差不齐。经过多年发展，目前我国节能环保产业从业机构从数量上看虽然超过 2 万家，但规模和整体实力仍然参差不齐，主要表现在：一是大型或者超大型节能环保企业数量太少，其占整个节能环保企业的比重不足 5%，导致环保产业集中度过低，行业比较散乱（2010 年后我国新注册成立的节

① 我国重工业占经济比重过高，重工业占 GDP 的比重在主要经济体中最高，重工业单位产出导致的空气污染为服务业的 9 倍。

② 主要指煤炭一次能源消费的比重。我国常规煤炭占到能源消费的比例 67%，清洁能源占比只有 13%，仅为发达国家占比的三分之一到四分之一。给定同样的当量燃煤产生的空气污染为清洁能源的 10 倍。

③ 交通运输结构指清洁出行的比例和公路出行的比例。我国城市当中地铁出行的比例仅为 7%，93% 的出行靠公路。给定同样的运输量，私家车出行导致的空气污染是地铁的 10 倍。资料显示，从日本东京公共运输系统旅客分担率看，2009 年，其轨道交通占比为 77.7%、巴士占比为 15.1%、出租车占比为 6.6%。轨道交通的特点是：运量大、准时、对环境污染小。

能环保企业约占整个行业的50%，其中规模50人以下的企业占比超过90%）；二是既缺乏促进产业发展的制度体系，又缺乏核心的关键技术。关键性的工艺（欧洲尤其是北欧很先进）、设备（日本很先进）和药剂（美国很先进）被发达国家所垄断；三是环保行业各细分领域发展很不均衡。以市政污水处理、生活垃圾处理为例，由于发展时间较长、市场化程度高、社会资本参与度高，因此这两个行业无论是技术还是处理率我国与发达国家相差不大[1]。不过，在土壤修复、黑臭水体治理以及VOCs[2]监测与治理行业我国仍处于起步阶段，主要是由于这几个行业技术难度大、商业模式不清晰、社会资本参与意愿较差，所以和发达国家还有相当大的差距。从总体上看，我国节能环保产业目前整体规模不大、技术水平有限、综合实力不强。

3. 行业竞争激烈且竞争机制不规范

随着国家不断加大对节能环保产业的政策支持，节能环保企业雄心勃勃，纷纷制定了市场战略。不仅如此，非环保行业的企业也开始跨界进入环保行业。研究发现，目前国内大量非环保类企业尤其是"中字头"的大型企业集团、上市公司通过并购、重组等方式"挤"进环保行业。有的非环保企业成立专门的节能环保板块，有的甚至转型将其主营业务转变成节能环保业务。在这种背景下，激烈的竞争不可避免。我国节能环保行业竞争机制不规范，导致低质低价、价格扭曲甚至"劣币驱逐良币"等恶性竞争现象普遍，不利于节能环保行业的发展。

---

① 目前，我国污水处理厂数量接近4,000座，主要分布在城市和县城，污水处理率由2002年的30%左右提高到约90%，污水处理能力达1.82亿吨，成为全世界污水处理能力最大的国家之一。

② VOCs（volatile organic compounds）挥发性有机物，是指常温下饱和蒸汽压大于70Pa、常压下沸点在260℃以下的有机化合物，或在20℃条件下蒸汽压大于或者等于10Pa具有相应挥发性的全部有机化合物。

（三）"绿色发展"下的节能环保大市场

1. 党的十八届五中全会首次把"绿色"作为指导我国未来发展的五大理念之一。"绿色发展"是以保护生态环境为前提条件并实现可持续发展的一种发展模式。在此背景下，我国环保产业迎来大发展的良机。

具体来说，在严峻的环境污染形势下，近几年我国先后出台大气、水、土壤污染防治"三大行动计划"：2013 年 9 月，《大气污染防治行动计划》（又称"大气十条"）出台，"大气十条"对近五年大气污染治理工作提出了具体和明确的目标；2015 年 4 月，《水污染防治行动计划》（又称"水十条"）出台，"水十条"从全面控制污染物排放、着力节约保护水资源、充分发挥市场机制作用、严格环境执法监管、切实加强水环境管理、全力保障水生态环境安全等十个方面部署了水污染防治行动；2016 年 5 月，《土壤污染防治行动计划》（又称"土十条"）出台，"土十条"提出了包括开展土壤污染状况详查、建立建设用地调查评估制度、严格管控受污染土壤环境风险等措施。

2. 随着"大气十条"、"水十条"以及"土十条"的先后出台，"十三五"期间我国环保领域投资将大幅增长，节能环保产业有望达到年增速 20% 以上，环保投入将增加到每年 2 万亿元左右，总的社会投资有望达到 17 万亿元①，是"十二五"的 3 倍以上，环保产业将成为拉动经济增长的重要支柱。研究我国环保行业快速发展的原因，主要有两点：

---

① 据测算，从 2013 年起，"大气十条"就已经带来了 1.7 万亿元的投资，预计到 2020 年，水污染防治资金需求将达 4 万亿元；于 2015 年 4 月发布的"水十条"预计将在全国范围拉动 2 万亿元的投资规模；于 2016 年 5 月发布的"土十条"则将为土壤修复治理产业吸引约 10 万亿元的投资。

（1）从中央到地方都把环保作为重中之重的工作，中央从最高决策机制上保障环保行业的发展方向，环保产业地位日益提高。2013 年，节能环保产业被定位为"战略新兴行业"；2014 年，国家要"把节能环保产业打造成生机勃勃的朝阳产业"；2015 年，国家要"把节能环保产业打造成新兴的支柱产业"；2016 年，国家要"把节能环保产业培育成我国发展的一大支柱产业"。国家对节能环保产业的表述变化凸显节能环保产业在我国经济发展中的地位作用日益提高。

（2）近年来，国家和地方政府出台了一系列刺激节能环保行业发展的政策。《节能环保"十三五"规划纲要》指出，培育服务主体，推广节能环保产品，支持技术装备和服务模式创新，完善政策机制，促进节能环保产业发展壮大。

3. 环保措施从末端治理到生产和消费的绿色化。我国已经由环保产业 1.0 时代进入 3.0 时代。具体来说，环保产业 1.0 即环保的主要任务是通过末端治理对污染物进行专业化治理，以实现达标排放或无害化、资源化利用；环保产业 2.0 即生产的绿色化，主要是环保公司帮助工业企业实现生产过程的绿色化。环保产业 3.0 即消费的绿色化，主要是环保公司帮助政府或个人消费者实现绿色消费，绿色消费引导绿色生产、绿色制造。

（四）我国节能环保产业未来发展趋势

1. 我国节能环保产业增速较快。我国节能环保产业虽然起步较低，且存在着阻碍行业发展的现实困难，但增速较快：近十年来年均增速超过 10%，高于全球环保市场 8% 的年均增长率。数据显示，2007 年至 2013 年，我国用于节能环保的财政资金从 996 亿元增加到 3,435 亿元，年复合增长达到 22.92%，节能环保支出占全部财政收入的比例也从 2% 上升到 2.45%。"十三五"期间，我国节能环保方面的投入将是"十二五"期间的两倍以上。根据国务院《关于加快发展节能环保产业的意见》，中国节能环保产业产值年均增速预期15% 以上。

2. 产业总体规模不断扩大。根据环保部等三部委的联合调查，2011 年，全国环保行业从业单位 23,820 个，从业人员 319.5 万人，年营业收入 30,752.5 亿元，年营业利润 2,777 亿元，与 2000 年相比，产业总体规模显著扩大。2014 年，我国环保从业单位 25,710 个，从业人员 328 万人，年营业收入 39,810 亿元，产业总体规模持续扩大。

3. "十三五"期间，我国将深入推行"一带一路"、京津冀协同发展、长江经济带建设等国家重大战略，节能环保产业将迎来广阔的发展机遇，进入新的发展阶段。

三、环保 PPP 万亿级市场"盛宴"

在经过多年以环境为代价的粗放式发展后，近年来，我国的环境污染问题开始集中暴露：大气污染（主要是雾霾、VOCs 等）、水污染（主要是地下水、黑臭水体等）、土壤污染（主要是耕地、棕地、矿山等）事件不断发生，一些全国性的环境污染事件经过互联网的传播更是触动公众敏感的神经。在日益严峻的环境形势下，国家连续出台环境治理政策以加大环境治理的力度，如"三大行动计划"。《大气污染防治行动计划》、《水污染防治行动计划》和《土壤污染防治行动计划》2 年多的时间里先后出台，可见我国治理环境污染的坚强决心。

（一）PPP 模式为环境保护必由之路

如上所述，大气、水、土壤"三大行动计划"开启了一场十万亿级的"环保盛宴"。不过，在资金安排方面，政府财政资金却捉襟见肘。研究发现，环保投资部分资金来自于中央财政，如2014年中央财政先后安排专项资金100亿元支持各地开展大气污染防治、安排专项资金55亿元支持55个水质较好的湖泊保护、安排59亿元专项资金支持农村环境连片整治等；2015年1—11月中央财政节能环保支出达到3,692亿元，同比增加35％。尽管如此，我国环境治理资金缺口严重不足，还需吸引社会资本的积极介入，即采取政府与社会资本合作（PPP模式）进行操作。环保部相关负责人表示，如果没有PPP，没有新型金融工具，没有社会资本进入环境保护领域内，将难以完成"十三五"环境保护的任务。以PPP模式吸引社会资本的进入将是未来我国环境保护的必由之路，环保PPP未来发展空间大有可为。

（二）环保PPP具有万亿级市场

国家大力推广PPP，环境治理力度空前……几大政策如洪流形成"合力"转瞬间形成环保PPP大市场。在大气、水、土壤3个"十条"的牵引下，"十三五"环保市场潜力巨大，总的社会投资有望达到17万亿元。

统计资料显示，2014年12月，财政部公布第一批PPP示范项目，共30个（后去掉4个，共26个），总投资规模约1,800亿元，涉及供水、供暖、环保、交通、新能源汽车、地下综合管廊、医疗、体育等多个领域，其中项目数环保类项目占据一半。2015年9月，财政部公布第二批PPP示范项目，共206个总投资金额6,589亿元，主要集中在市政、水务、交通等领域，其中环保类项目共66个，占比32％。2016年10月，财政部公布516个项目作为第三批PPP示范项目，计划总投资金额11,708亿元，项目覆盖了能源、交通运输、水利建设、生态建设和环境保护、市政工程等行业。其中，生态建设和环境保护类行业项目数占第三位，占比为 9%，投资额占第四位，占比为 7%。此外，2015 年 5 月，国家发改委公布地方 PPP 项目库，共计 1,043 个项目总投资 1.97 万亿元，其中环保类 PPP 项目数量最多达到 370 个，数量上占比达到 35%，投资总额近 2,000 亿元，金额占比达 10%。截至 2016 年 11 月 30 日，财政部 PPP 项目库入库项目 10,685 个，投资额 12.7 万亿元，另有发改委两批示范项目，总额接近 17 万亿元。环保 PPP 项目无论是数量上还是投资总额上在 PPP 重点领域中均位居前列[①]，环保 PPP 项目总投资额约为整个 PPP 领域的 7% ~ 10%，环保 PPP 万亿级的市场"盛宴"开启。

（三）环保 PPP 特点明显

与其他 PPP 领域不同，环保领域的 PPP 具有明显的特点，其与我国"绿色发展"的理念相当契合：一是公益性相当强，如供排水、河道综合治理等，与人民群众的生活息息相关，大都属于项目所在地的民生工程；二是投资规模大，几十亿元甚至上百亿元的项目并不鲜见，以财政部 PPP 信息中心公布的第三批 PPP 示范项目一级行业"生态建设和环境保护"为例（见表 2 - 1）；三是部分项目现金流不稳定，大多需要政府可行性缺口补贴或者完全付费；四是涉及的介质广，涉及大气、水、土壤、固废等领域；五是技术性强，专业化程度较高。环保行业除了是政策驱动性行业外，更是技术驱动性行业，技术性在环保企业的市场竞争中占有举足轻重的作用。

---

　　① 在 PPP 领域中，数量和投资总额位居前列的行业主要有交通、市政工程、环境保护等。2016 年 10 月，财政部公布 516 个项目作为第三批 PPP 示范项目，计划总投资金额 11,708 亿元，项目覆盖了能源、交通运输、水利建设、生态建设和环境保护、市政工程、城镇综合开发、农业、林业、科技、保障性安居工程、旅游、医疗卫生、养老、教育、文化、体育、社会保障和其他 18 个一级行业。其中，市政工程、交通运输、生态建设和环境保护、城镇综合开发四类行业项目数最多，占比分别为 43%、12%、9%、6%，合计占比达 70%；交通运输、市政工程、城镇综合开发、生态建设和环境保护的投资额最大，占比分别为 43%、27%、10%、7%，合计占比达 87%。

表 2 – 1   财政部第三批 PPP 示范项目名单
（一级行业"生态建设和环境保护"）

序号	所属省（市）	项目名称	项目总投资（万元）
1	北京市	北京市房山区琉璃河湿地公园 PPP 项目	217,500
2	河北省	河北省唐山市遵化市沙河水环境综合治理 PPP 项目	154,949
3	河北省	河北省承德市两河水系水环境保护与综合整治工程（一期）项目	326,379
4	山西省	汾河流域交城县磁窑河与瓦窑河生态修复治理 PPP 项目	92,294
5	内蒙古自治区	内蒙古自治区呼和浩特市清水河县城关镇北坡古村落改造、修缮、保护综合项目	55,023
6	内蒙古自治区	乌海市海勃湾区凤凰河（北河槽）综合治理工程项目	19,823
7	内蒙古自治区	内蒙古锡林郭勒盟锡林浩特市锡林湖、生态水系治理工程	115,144
8	吉林省	长春市伊通河城区段百里整治项目南溪湿地综合治理工程	137,527
9	浙江省	浙江省温州市洞头区本岛海洋生态廊道整治修复工程	80,000
10	安徽省	淮北市中湖矿山地质环境治理项目	221,698
11	安徽省	安庆市河湖连通、水环境治理	740,560
12	安徽省	安徽省阜阳市城区水系综合整治（含黑臭水体治理）PPP 项目	1,432,730
13	安徽省	六安市城区黑臭水体整治工程 PPP 项目	84,487
14	安徽省	安徽省池州市海绵城市建设清溪河流域水环境综合整治 PPP 项目	108,315
15	福建省	福建省泉州市洛江区洛阳江流域洛江区河市段综合整治工程 PPP 项目	20,116
16	福建省	福建省漳州台商投资区水环境综合治理 PPP 项目	368,927
17	山东省	山东省济宁市任城区济北采煤塌陷地综合治理项目	237,997

序号	所属省（市）	项目名称	项目总投资（万元）
18	山东省	山东省济宁市汶上县莲花湖湿地公园及泉河河道治理项目	34,600
19	山东省	嘉祥县水系综合整治工程（一期）	91,862
20	山东省	山东省泰安市岱岳区天颐湖水生态环境综合治理项目	50,131
21	山东省	山东省临沂市中心城区水环境综合整治工程 PPP 项目	47,373
22	山东省	山东省临沂市中心城区水环境综合整治工程河道治理 PPP 项目	55,050
23	山东省	山东省菏泽市郓城县彭湖湿地生态区 PPP 项目	207,493
24	河南省	河南省开封市城乡一体化示范区水系综合治理项目	441,810
25	河南省	河南省漯河市城乡一体化示范区沙河沿岸综合整治项目	108,000
26	河南省	河南省三门峡市义马市涧河及石库生态综合整治工程	32,132
27	湖北省	武汉市江夏区"清水入江"投融资、策划（含规划、设计）、建设、运营一体化项目	511,000
28	湖南省	湖南省常德市临澧县城区安全饮水工程 PPP 项目	172,584
29	湖南省	湖南省益阳市中心城区黑臭水体整治工程 PPP 项目	161,698
30	广东省	大亚湾红树林城市湿地公园第二阶段一标段工程	9,125
31	广东省	郁南县整县生活污水处理捆绑 PPP 项目	50,233
32	四川省	四川省广元市城市生活垃圾焚烧发电 PPP 项目	39,313
33	四川省	四川省南充市阆中市古城水环境综合治理 PPP 建设项目	234,700
34	贵州省	贵州省贵阳市观山湖区小湾河环境综合整治工程 PPP 项目	113,521
35	贵州省	贵州省贵阳市白云区麦架河流域水环境综合治理项目	135,882
36	云南省	云南省玉溪市江川区污水处理厂（厂网一体化）项目	23,262
37	云南省	云南省大理州大理海东山地新城洱海保护水环境循环综合建设 PPP 项目	200,023
38	云南省	云南省大理州大理市洱海环湖截污二期 PPP 项目	208,262
39	云南省	云南省大理州大理市环洱海流域湖滨缓冲带生态修复与湿地建设 PPP 项目	139,815
40	云南省	云南省大理州祥云县城市公共停车场 PPP 项目	26,740

序号	所属省（市）	项目名称	项目总投资（万元）
41	云南省	云南省大理州洱源县（洱海流域）城镇及村落污水收集处理工程	222,912
42	云南省	云南省大理州剑川县澜沧江上游剑湖流域水环境综合治理PPP项目	156,765
43	陕西省	西安市常宁新区潏河湿地公园及相关工程建设PPP项目	117,113
44	陕西省	咸阳市礼泉县醴泉泥河生态治理项目	33,000
45	陕西省	西咸国际文化教育园沙河海绵型生态修复项目	80,000
46	甘肃省	甘肃省武威市民勤县石羊河国家湿地公园建设项目	17,520
47	甘肃省	甘肃省甘南州黄河上游玛曲段生态治理工程PPP项目	22,200
48	新疆维吾尔自治区	青河县黑水沟综合治理PPP项目	22,456

（四）各类社会资本盯上环保PPP"大蛋糕"

面对十万亿级的环保大市场，近年来，环保行业产业链上的设备制造、工程建设、投资、运营等企业虎视眈眈，都将目光瞄准环保这块"大蛋糕"。不仅如此，当下大量非环保类的央企、国企、民企、外资以及混合所有制企业都在通过大手笔地跨界并购和重组，将业务链条延伸至环保行业①，有的非环保企业甚至意欲借PPP模式完成自身业务结构的调整和转型。具体来说，这些企业主要涉及钢铁、机械、工程建设，有的将EPC工程总承包或BT模式与PPP模式"嫁接"开展业务，有的则是将产品和设备与PPP模式"联手"以拓展产品和业务链接，其原因主要有三点：一是国际经济形势整

---

① 当前我国大量非环保类的企业尤其是擅长工程建设的"中字头"国企、央企正积极向环保领域进军。在具体运作上，多以成立环保子公司的方式拓展环保业务，如中国石化、中国铁建、中国中车、葛洲坝集团、徐工集团等都在大力推进环保事业。不仅如此，中信集团、中国建投等还借助强大的资本力量进入环保行业且做得风生水起。

体不容乐观，工程建设项目和重型机械出口受到影响；二是我国经济增长放缓，"43 号文"① 使得政府融资平台受限，此前以政府为主导投资建设、工程建设企业以 EPC 工程总承包或 BT 模式和政府方（或代表政府的企业）合作的模式受到挑战；三是我国大力进行生态文明建设，国家从战略高度支持环保产业的发展，环保产业被贴上朝阳产业的标签，行业前景看好。

四、绿色 PPP 项目解读

政府与社会资本采取 PPP 模式合作成为当下我国投融资领域的一个新亮点。在大力推动 PPP、严格治理环境污染、重点推行清洁能源和绿色交通运输等政策的暖风之下，社会资本、金融机构都向绿色 PPP 项目伸出了"橄榄枝"。

在众多 PPP 领域中，节能环保和轨道交通占有重要的一席之地。研究发现，目前，污水处理 PPP 项目、垃圾处理 PPP 项目和轨道交通 PPP 项目因其数量多、投资额大格外显著。② 如财政部第二批 PPP 示范项目主要集中在市政、水务、交通等领域。其中，市政领域多以垃圾焚烧发电、城市地下综合管廊等项目为主，而水务领域主要集中在污水处理、河道整治、供水、引水等项目。

以下为三例典型的绿色 PPP 项目，通过采取严格的节能环保措施，既减少了污染物排放、降低了环境污染，又大大提高了投资效

---

① 2014 年 10 月 2 日，国务院发布《国务院关于加强地方政府性债务管理的意见》（简称 43 号文），明确指出首要目标为治理政府性债务。"43 号文"对地方债务开启了严监管模式，使地方政府融资能力大幅受限。

② 世界银行曾根据潜在市场竞争能力、设施所提供服务的消费特点、收益潜力、公平性和环境外部性等指标，定量分析了城市污水和垃圾处理相关环节的市场化能力指数。当指数为 1 时，表示市场化能力很差，不宜让私人部门参与；当指数为 3 时，市场化能力最好，完全可以由私人部门完成。分析结果表明，垃圾收集的市场化能力最好，为 2.8；污水分散处理次之，为 2.4；污水集中处理和垃圾卫生处理居中，为 1.8～2.0。

益（分别见案例 2-1、案例 2-2、案例 2-3）。

【案例 2-1】

某县位于华东地区，近年来，随着经济社会的快速发展，本来水资源就匮乏的某县缺水问题日益严重，城区供水供需矛盾非常突出，部分企业和居民私自打水源井盲目开采，用水无计划，且多数自备井设备严重老化，水量和水压不足，尤其是水质情况差，缺少消毒设施和检测设备，卫生情况差。此外，自备水源井数量众多分布面广，不利于水资源的集中管理，造成某县能源、设备运营和水资源的浪费严重，同时也对地下水造成污染。供水不足以及因缺水导致的能源浪费、环境污染等问题严重制约了某县的发展。因此，某县急需新建一座符合国家饮用卫生标准的自来水厂。2015年，某县政府将建一座自来水厂（以下简称"本项目"）作为一项"民生工程"，并在国家大力推广 PPP 的大背景下，以 PPP 模式下的 BOT 模式选择与优质的社会资本合作。经过公开招投标，社会资本某知名环保公司中标。某县政府与某环保公司签订本项目 PPP 特许经营协议，本项目总投资 2.8 亿元，由社会资本负责项目的设计、投资、融资、建设和运营。具体建设内容包括自来水厂建设、水厂管网铺设及城市供水管网改造。

本项目建成后，具有积极的社会经济意义：一是确保某县居民生产、生活用水，供水水压、水量、水质均有保证，对于居民身体健康有重要意义；二是节约用水、保护水资源，本项目建成后某县城区将实行统一供水管理，实现地下水资源的合理开发、利用和保护，从而彻底改变目前自备井各自为政，地下水超采、滥采严重的现象；三是极大改善当地公用设施条件，可满足当地经济社会的可持续发展。

本项目基本情况为：新建一座 6 万吨/日水厂，包括反应沉淀车间、砂滤车间、后臭氧接触池、活性炭滤池车间、加氯加药间、送水泵房及配变电室、清水池 2 座、污泥系统以及水厂附属建筑物，总占地 130 亩；新建净水输送管道 13 公里，项目总投资 2.8 亿元。

本项目采取有效的节能措施：

1. 电气节能方面。变电所采用低压测无功补偿措施，减少无功损耗，降低变压器容量。补偿电容器采取自动投切方式，在负荷变动的情况下，使系统功率因数保持规范规定数值。电气设备均选用节能型产品；合理确定配水管网控制点的自由水头，使城市给水满足大多数建筑用水要求，个别高层及多层建筑高于管网自由水压部分由其另行加压解决，避免因满足个别高点给水水压而提高整个管网水压，造成能量浪费；通过自动监测控制，用最经济的加氯量，达到优良的消毒效果。

2. 暖通节能方面。通风机选用低能耗的高效产品；在设计中考虑运行调节以便于减少能源浪费，提高运行效率。对热力入口、采暖总立管、非采暖房间、地沟内及吊顶内的采暖管道采取保温措施，减少无效热损失。每个建筑物的入口处设带热计量的入口装置，每组散热器设恒温控制阀。

3. 建筑节能方面。采用高效保温材料复合的外墙和屋面等一系列技术措施，以达到节能降耗的目的。本设计中所有建筑的外围护结构均选用保温节能材料。

4. 能源管理方面。节能科学管理能够经济和合理有效地利用能源，是现代化生产、推进节能水平提高的标志。电能计量方式采用高供高计，动力及照明分开计量。在低压开关柜上设置专门的照明回路，并单独计量。

5. 资源节约措施方面。在项目建设方案中合理利用水资源，节约用水，项目建成后将现状水厂水源井关停，以涵养日益紧缺的地下水资源。在管网计算时，尽量减少不必要的水头损失，合理确定管径，减少投资费用。在项目建设中选用质量优良、漏损率低的阀门、流量计和其他管道附件，防止管网跑、冒、滴、漏现象发生。

【案例 2 - 2】

某污水处理 PPP 项目（以下简称"本项目"）处理能力 6 万吨/日，管网工程截污管道约 50,000 米，污水支管 130,000 米，总投资 1.6 亿元。本项目达到《城镇污水处理厂污染物排放标准》（GB 18918—2002）一级 A 标准。污水处理厂能耗包括：污水、污泥处理设备（进水泵、内回流泵、鼓风机、剩余污泥泵、提升泵等）的电耗；生活及照明等能耗；化学除磷所需的药耗；生产、生活及消防用水。本项目采用低能耗、基建投资少、运行费用低且操作管理简便的成熟处理工艺。本项目大量使用节能技术、各类设备均采用节能型设备以降低能耗。在节能管理措施方面：一是建立能源计量管理体系，并保持和持续改进其有效性；二是建立用能统计制度，定期向政府节能主管部门报送能源统计报表，统计报表数据能追溯至计量测试记录；三是建立节能工作责任制和能源使用责任制，把各项能源消耗定额分解落实到各部门，实行能耗考核，对实现降耗的部门和节能工作取得成效的集体和个人给予奖励；四是制订能源使用计划并落实执行，每年定期检查计划执行情况，年终进行总结和奖惩。

根据本项目节能评估报告书，年综合耗能折算标煤估算为 5,300 吨（等价值）、2,500 吨（当量值），其中年用电 1,330 万千瓦时，年用新水 8,200 立方米，年天然气用量 2.8 万立方米，年用汽油 8.8 吨，年用柴油 600 吨。本项目单位污水处理综合能耗为 0.096 千克标煤/吨（等价值）、0.050 千克标煤/吨（当量值），单位污水处理电耗为 0.24 千瓦时/吨。本项目采取节能措施后，本项目经济效益明显，污水处理、污泥处理为收费处理项目，每年新增污水处理费收入约 3,200 万元，新增污泥处理费收入约 2,000 万元。同时，污水处理厂、污泥处理厂、雨水调蓄系统和污水管网运行维护将新增就业岗位约 600 个。

【案例 2 - 3】

2015 年 4 月，华北某市轨道交通有限公司与某社会资本签订战略合作协议，双方将采用 PPP 模式共同建设"绿色"地铁：地铁从设计到施工再到运行及相关配套设施建设都坚持自然、环保与高效的原则。某市地铁站装修将全面采用绿色环保的新型建材，新型材料由国家亟须处理的煤矸石、粉煤灰和农作物秸秆等工业废弃物经过特殊工艺制作而成，具有低碳节能、绿色环保的优良属性。

五、绿色交通运输 PPP 项目"提速"

绿色交通运输是一个全新的理念。

绿色交通运输的本质，即城市交通运输的"绿色性"，主要体现在三个方面：一是快捷、有序、合理；二是安全、舒适、方便；三是节能环保、低污染、低能耗。归根结底，绿色交通运输要达到的目的是：有利于人民生活和经济发展、缓解城市交通拥堵、降低城市环境污染以及维持城市可持续发展。

1. 绿色交通运输的优点

（1）创造良好的自然环境，社会效益明显

绿色交通运输的核心在于"绿色"二字。很显然，绿色交通运输的直接作用便是节能环保。以目前国家重点推广的静态交通智能机械式立体停车库为例，随着我国经济社会的快速发展，小汽车已进入万千普通家庭，随之而来的是城市交通拥堵严重，交通压力从动态向静态转化。研究发现，由于大中城市的主要区域车满为患，尤其是上下班期间拥堵严重，此时汽车尾气排出的一氧化碳、一氧化氮、碳氢化合物等污染物（这也是导致雾霾发生的主要原因之一），直接污染城市的环境，对人们的身体健康造成很大影响，对经济社会的发展也造成危害。据统计，北京市在高峰期间仅在主干道行驶和拥堵的车辆就接近 300 万辆，如果只计燃油，按每辆车每小时 1 升计算，这 300 万辆汽车仅燃油量经济损失就超过 2,000 万元。如果算上因汽车拥堵造成的驾驶员时间损失成本、商机成本、多排放的污染物环境成本和治理成本，这些损失更是不计其数。

相反，欧美、日本等发达国家在主城区大量采取建设智能机械式立体停车库的方式，既缓解了城市交通拥堵、减少了汽车流量和行驶里程，又大大降低了污染物的排放，减少了空气污染、噪声污染、尘土污染以及酸雨现象等，对城市环境作出了巨大贡献。此外，绿色交通运输以其快捷、安全、方便的特点，为人们减少了交通拥挤所损失的时间，方便了人民群众的出行。

（2）经济效益显著

除为城市环境作出巨大贡献之外，发展绿色交通运输还有利于城市经济的建设，如降低能源消耗和交通费用，加大城市的商业活动并形成商圈，有利于城市周边地块开发并拉动城市经济增长，提高区域地块价值，等等。同时，绿色交通运输体系还能够改善城市投资环境，有利于城市招商引资。

2. 我国绿色交通运输发展迅速

众所周知，交通运输是国民经济的基础性、先导性产业，其对经济社会的发展起着至关重要的作用。就我国而言，近年来，我国交通运输基础设施规模不断扩大，运量快速提高，取得了举世瞩目的成就。

近年来，我国交通运输基础设施规模不断扩大。交通运输部《2015 年交通运输行业发展统计公报》显示，2015 年末，全国铁路营业里程达到 12.1 万公里，比上年末增长 8.2%；全国公路总里程

457.73 万公里，比上年末增加 11.34 万公里；全国内河航道通航里程 12.70 万公里，比上年末增加 721 公里；全国共有颁证民用航空机场 210 个，比上年末增加 8 个。此外，为实现我国经济的稳增长，近几年促进我国交通运输发展的政策密集出台，如国家发改委、交通部联合印发的《交通基础设施重大工程建设三年行动计划》指出，2016—2018 年，拟重点推进铁路、公路、水路、机场、城市轨道交通项目 303 项，涉及项目总投资约 4.7 万亿元，其中 2016 年、2017 年、2018 年分别为 2.1 万亿元、1.3 万亿元和 1.3 万亿元。

3. 交通运输仍存不足，需采取 PPP 模式"提速"

（1）虽然我国交通运输发展较快，但总体规模较小，还不能满足经济社会发展对交通运输不断增长的需求，主要体现在三个方面：一是现有交通运输规模总量不足，不能适应国民经济发展的需求；二是我国经济发展程度不同导致地区之间交通运输不平衡，全国 70% 以上的工业和交通运输设施集中在占全国面积不到 12% 的东部沿海；三是交通运输技术和装备水平较差，运营能耗高、污染严重，不符合我国经济社会可持续发展要求。

（2）在我国地方政府债务压力大、"43 号文"出台后地方政府融资受阻以及城镇化快速发展的背景下，PPP 模式成为解决政府交通运输投资不足的重要选项。截至 2016 年 4 月，财政部 PPP 信息中心项目库中交通运输行业投资额达到 4.5 万亿元，占据各大行业之首。2016 年 10 月，财政部等部门公布第三批 PPP 示范项目，交通运输类项目共计 62 个，投资总额超过 5,000 亿元，项目数量占比 12%，投资总额占比达 43%，投资总额亦占各大行业之首。①

---

① 第三批 PPP 示范项目中，市政工程、交通运输、生态建设和环境保护、城镇综合开发四类行业项目数最多，占比分别为 43%、12%、9%、6%，合计占比达 70%；交通运输、市政工程、城镇综合开发、生态建设和环境保护的投资额最大，占比分别为 43%、27%、10%、7%，合计占比达 87%。

4. 绿色交通运输 PPP 项目占有重要一席之地

绿色交通运输是绿色产业的一个重要组成部分。所谓绿色交通运输广义上是指采用低污染、适合城市环境的运输工具来完成社会经济活动的一种交通概念。狭义的绿色交通运输是指为节省建设维护费用而建立起来的低污染、有利于城市环境多元化的交通运输系统。从交通工具上看，绿色交通主要包括各种低污染车辆，如电动汽车、太阳能汽车、无轨电车、有轨电车、轻轨、地铁等。

进一步研究发现，在交通运输 PPP 项目中，绿色交通运输 PPP 占有重要的一席之地：交通运输 PPP 项目主要有高速公路、铁路、轨道交通、桥梁、港口等，其中，以轨道交通为代表的绿色交通运输 PPP 无论是数量还是投资额都在交通运输 PPP 中占有举足轻重的地位（详细分析见下节）。

5. 我国铁路投资迎来良机

（1）我国铁路交通现状

目前，世界上主要的交通运输方式有汽车、铁路、航空、水运等，其中铁路的优点是运输量大、准时且运价低。近年来，我国加大铁路建设，铁路营业里程增速明显加快。2014 年我国铁路旅客周转量占比为 38.6%，仅次于公路运输。此外，随着我国加快建设高铁步伐，具有速度快、准点率高等诸多优点的高铁受到人们的欢迎。2014 年我国铁路营业里程已经达到 11.18 万公里，仅次于美国位居世界第二位，其中高铁营业里程达到 1.6 万公里，占世界的 60% 以上。到 2017 年，我国高铁客流量将达到约 14 亿人次，占铁路客流量的近 50%。目前，我国"四纵四横"高铁骨干网已经基本建成，未来几年仍有部分高铁线路陆续开通。

（2）在铁路投资方面，"十三五"期间，我国新建铁路将不低于 2.3 万公里，总投资不低于 2.8 万亿元，如果将地方编制的一些投资项目纳入其中，"十三五"期间铁路投资将远超 2.8 万亿元。

（3）国家鼓励社会资本投资铁路。自 2014 年下半年开始，我国大力推广 PPP，铁路是交通运输领域重点推广的行业。研究发现，近几年我国推广铁路 PPP 的政策不断出台，如《国务院关于改革铁路投融资体制加快推进铁路建设的意见》（国发〔2013〕33 号）、《国务院关于创新重点领域投融资机制鼓励社会投资的指导意见》（国发〔2014〕60 号）以及《国家发展改革委关于当前更好发挥交通运输支撑引领经济社会发展作用的意见》（发改基础〔2015〕969 号）等。

（4）铁路投资特点

①与公路、桥梁等其他交通运输方式相比，铁路建设的一个明显特征是投资额大，几十亿元的项目都是"小项目"，一般投资额都在数百亿元甚至上千亿元。以 2015 年中国铁路计划开工项目为例（见表 2－2）。

表 2－2　　　　2015 年中国铁路计划开工项目表（部分）

序号	铁路名称	投资额（亿元）
1	哈牡客专	356.4
2	商合杭客专	919.7
3	京张客专	311.76
4	郑万铁路	974.3
5	郑合高铁	427.2
6	济青高铁	600
7	汉十高铁	527.5
8	银兰客运专线	246.3
9	合湛铁路	138
10	吉永泉铁路	391
11	玉磨铁路	516.09
12	祥云至临沧铁路	155
13	弥勒至蒙自铁路	94
14	柳肇铁路	303.8
15	将军庙至淖毛湖至安北铁路	216.03
16	金华至台州铁路	160

②铁路 PPP 示范项目分析

2015 年 9 月，财政部公布了 206 个项目作为第二批 PPP 示范项目，项目主要集中在市政、水务、交通等领域，其中交通有城市轨道、公路和铁路等项目（铁路项目见表 2-3）。2016 年 10 月，财政部公布 516 个项目作为第三批 PPP 示范项目，其中，交通运输类项目共计 62 个，投资总额超过 5,000 亿元，项目数量占比 12%，投资总额占比 43%（铁路项目虽然数量不多，但投资规模大，见表 2-4）。

表 2-3　　　财政部第二批 PPP 示范项目名单（铁路项目）

省市	项目	领域	总投资（亿元）
浙江	温州机场交通枢纽综合体及公用配套工程和市域铁路机场段	交通	58.58
河南	商丘市邢商永地方铁路	交通	27.10
甘肃	兰州新建铁路朱家窑至中川线及配套工程	交通	18.60

表 2-4　　　财政部第三批 PPP 示范项目名单（铁路项目）

所属省	项目名称	项目总投资（万元）	一级行业
安徽省	马鞍山市郑蒲港铁路专用线 PPP 项目	196,800	交通运输
山东省	山东省东营市东营港疏港铁路 PPP 项目	568,030	交通运输
贵州省	贵州省新建地方铁路瓮安至马场坪线工程	499,300	交通运输

六、轨道交通是绿色交通运输的重要范畴

据相关资料介绍，城市轨道交通是指具有运量大、速度快、安全、准点、保护环境、节约能源和用地等特点的交通方式，主要包括地铁、轻轨、磁悬浮、快轨、有轨电车、新交通系统等。我国国家标准《城市公共交通常用名词术语》中，将城市轨道交通定义为"通常以电能为动力，采取轮轨运转方式的快速大运量公共交通的总

称"。从某种程度上说，一个城市的轨道交通发展水平，代表着一个城市的基础设施建设水平和发达程度。

1. 轨道交通是缓解交通压力的重要选择

近年来，我国经济社会发展突飞猛进，取得了举世瞩目的成就。按照《国家新型城镇化规划（2014—2020 年）》的要求，到 2020 年我国城镇化率将提高到 60%，将有 1 亿左右农业转移人口和其他常住人口在城镇落户。在此背景下，我国大中城市人口将急剧增长。同时，未来我国城市流动人口将迅速扩张。2016 年 10 月，国家卫计委发布《中国流动人口发展报告 2016》指出，未来 10～20 年，我国人口流动迁徙仍将持续活跃。2015 年，我国流动人口规模达到 2.47 亿人，占总人口的 18%。而按照《国家新型城镇化规划（2014—2020 年）》的进程，到 2020 年，我国仍将有 2 亿以上的流动人口。而随着城市人口规模的迅速扩大，城市交通压力日益增加。可以说，因交通拥堵、环境污染造成的交通问题已经成为制约我国城市发展的主要瓶颈之一。

2. 轨道交通的优点

缓解日益紧张的交通压力，我国各大中城市开始借鉴欧美、日本等发达国家的先进经验，重点发展城市轨道交通系统。与城市道路等交通方式不同，轨道交通具有明显的优点，如方便、快捷、准时、环保等，能够大大缓解城市交通拥堵、有利于经济发展并提高人民生活质量。具体来说：

（1）低能耗，环境污染低。城市轨道交通由于采用电气牵引，与公共汽车相比不产生尾气污染。大力发展城市轨道交通还能减少公共汽车的数量，从而进一步减少汽车尾气污染和噪声污染。此外，与公共汽车相比轨道交通节省能源，运营费用较低。

（2）运输能力大，准时，安全，舒适，有利于提高市民出行，方便省时，改善生活质量。①

（3）促进城市繁荣，带动城市沿轨道交通廊道的发展。在缓解城市中心人口密集、空气污染严重等城市通病的同时，还提高土地利用价值。

总之，轨道交通以其污染少、能耗低、运输量大、准时等诸多优点被世界公认为"绿色交通"，是解决城市交通拥堵的一把"金钥匙"，对于实现城市的可持续发展具有非常重要的意义。

3. 我国轨道交通发展迅速

截至 2015 年底，我国轨道交通运营里程超过 200 公里的城市有5 个，分别是北京（554 公里）、上海（558 公里）、重庆（202 公里）、广州（235 公里）、南京（224 公里），全国 37 个城市在建轨道交通项目 159 个，总规模约 3,800 公里，共完成投资 3,683 亿元，较 2014 年增长 34%②。2015 年，我国轨道交通共完成客运量约 138亿人次，较 2014 年增加 3%；日均客流量约 3,753 万人次，较 2014年增加 3%。截至 2016 年上半年，全国 25 个城市开通运营轨道交通线路约 3,400 公里（不含磁浮交通和现代有轨电车），全国有 43 个城市的轨道交通建设规划获得批复，规划总里程约 8,600 公里。预测称，未来 10 年内我国城市轨道交通建设总投资将超过 5 万亿元。

4. 轨道交通需"嫁接"PPP 模式

（1）城市轨道交通虽然有节能环保、运输量大、快捷、准时等诸多优点，但从投资、建设和运营的角度讲，上马城市轨道交通也

---

① 据相关文献统计，城市轨道交通的运输能力远远超过公共汽车。地铁每公里线路年客运量可达 100 万人次以上，最高达到 1,200 万人次，如莫斯科地铁、东京地铁、北京地铁等。地铁在早高峰时 1 小时能通过全日客流的 17% ~20%，3 小时能通过全日客流的 31%。且城市轨道交通在专用行车道上运行，不受其他交通工具干扰，不产生线路堵塞现象并且不受气候影响，是全天候的交通工具。此外，轨道交通由于没有平交道口，通讯信号设备先进，极少发生交通事故。
② 北京、上海、广州、深圳投资之和占总量的 19%，成都、南京、重庆、青岛、杭州、长沙等城市增长迅速，排名前十位的城市投资之和占总量的 43%。

存在着一些现实的困难，如投资规模巨大、短期盈利不足等。如上所述，我国经济发展进入新常态、国家"43 号文"使地方融资渠道受阻，城市轨道交通资金缺口较大①。目前，国内中车、中建、铁建等大型国企都在积极探索以 PPP 模式介入地方城市轨道交通 PPP 项目。

（2）我国轨道交通 PPP 成果显著

经梳理，在财政部公布的第一批、第二批和第三批 PPP 示范项目中，涉及轨道交通运输领域的 PPP 项目主要如下（见表 2 – 5，表 2 – 6，表 2 – 7）。

表 2 – 5　财政部第一批 PPP 示范项目名单（轨道交通项目）

序号	项目名称	省份	类型	行业领域
1	昆山市现代有轨电车项目	江苏	新建	轨道交通
2	徐州市城市轨道交通 1 号线一期工程项目	江苏	存量	轨道交通
3	苏州市轨道交通 1 号线工程项目	江苏	存量	轨道交通
4	杭州市地铁 5 号线一期工程、6 号线一期工程项目	浙江	存量	轨道交通
5	杭州—海宁城市轻轨工程项目	浙江	存量	轨道交通
6	合肥市轨道交通 2 号线	安徽	存量	轨道交通
7	重庆市轨道交通三号线（含一期工程、二期工程、南延伸段工程）	重庆	存量	轨道交通

表 2 – 6　财政部第二批 PPP 示范项目名单（轨道交通项目）

省市	序号	项目	领域	总投资（亿元）
北京	1	北京市轨道交通十六号线	交通	495.00
	2	北京市轨道交通十四号线	交通	445.00
	3	丰台河西有轨电车一期 T1T2 工程	交通	69.53

①　以北京市为例，2011 年至 2015 年 3 月，北京市区财政和北京市基础设施投资有限公司共筹集轨道交通建设资金 1,400 多亿元。按照《北京市城市轨道交通建设规划（2014—2020）》所列的建设计划、建设规模等测算，未来 8 年北京市轨道交通建设在财政投入上平均资金缺口每年超过 200 亿元。

续表

省市	序号	项目	领域	总投资（亿元）
内蒙古	4	呼和浩特市轨道交通 1、2 号线一期工程	交通	350.18
浙江	5	温州机场交通枢纽综合体及公用配套工程和市域铁路机场段	交通	58.58
福建	6	南平市武夷新区旅游观光轨道交通武夷山东站至武夷山景区线一期工程	交通	25.00
河南	7	郑州市轨道交通运输 3 号线（一期）	交通	192.32
广东	8	中山市轻型跨坐式单轨首期试验段（中山市城市轨道交通 1 号线）	交通	50.78
广西	9	南宁市轨道交通 4 号线一期	交通	159.00
云南	10	红河州滇南中心城市群现代有轨电车示范线	交通	69.64
	11	昆明轨道交通 4 号线工程	交通	266.44
	12	昆明轨道交通 5 号线工程	交通	193.40
甘肃	13	兰州市城市轨道交通 2 号线一期工程	交通	90.93

表 2-7　财政部第三批 PPP 示范项目名单（轨道交通项目）

序号	所属省	所属市	所属区县	项目名称	项目总投资（万元）
1	北京市	北京市本级		北京轨道交通新机场线引入社会资本项目	2,760,000
2	吉林省	长白山管委会	长白山管委会本级	长白山旅游轨道交通 PPP 项目	505,000
3	安徽省	芜湖市	芜湖市本级	芜湖市轨道交通 1 号线、2 号线项目	1,489,100
4	青岛市	青岛市本级		青岛市地铁 4 号线 PPP 项目	1,819,000
5	湖南省	长沙市	长沙市本级	湖南省长沙市长沙磁浮工程	460,400
6	广西壮族自治区	南宁市	南宁市本级	南宁市快速公交（BRT）试点工程 PPP 项目	93,023

续表

序号	所属省	所属市	所属区县	项目名称	项目总投资（万元）
7	贵州省	贵州省本级		贵州省新建地方铁路瓮安至马场坪线工程	499,300
8	甘肃省	兰州市	兰州新区	甘肃省兰州新区现代有轨电车 1 号线及 2 号线一期工程 PPP 项目	264,666
9	新疆维吾尔自治区	乌鲁木齐市	乌鲁木齐市本级	乌鲁木齐市轨道交通 2 号线一期项目	1,620,000

第三章　绿色 PPP 需绿色金融助力

产业要快速发展需要金融的大力支持。目前，我国正重点推广 PPP、发展绿色产业，绿色 PPP 亟待借助绿色金融的力量"腾飞"。作为一种市场化的制度安排，绿色金融在促进节能环保、清洁能源、绿色交通运输、绿色建筑等绿色产业方面作用巨大。PPP 热潮之下，"绿色金融"将促进我国绿色 PPP 快速落地；反过来，绿色 PPP 也促进"绿色金融"的健康发展。

一、绿色金融支持 PPP 基础扎实

金融机构要加快"绿色金融"产品和服务方式的创新，丰富"绿色金融"业务产品线，利用金融手段鼓励社会资本通过技术创新提高资源的利用效率，达到节能减排和保护生态环境的目的。具体来说，重点要在环境保护（主要是水资源的利用和保护、土壤修复、垃圾无害化处理等）、新能源（太阳能、地热能、风能、海洋能、生物质能和核聚变能等）、绿色交通（如无轨电车、有轨电车、轻轨、地铁等）领域支持绿色 PPP 项目，以降低能源消耗和污染物的排放、提高环境效益。研究发现，绿色金融支持 PPP，具有多方面的基础。

（一）绿色金融与 PPP 都具有推动传统产业转型升级的重任

如上所述，近年来，我国加大经济转型和产业结构调整升级，传统产业加速向节能环保、清洁能源、绿色交通运输、低碳、绿色

化、可持续性方向发展，且成果显著。绿色经济成为我国的国家战略，绿色金融成为我国加快经济转型和产业结构调整升级的助推剂。如 2015 年年初，中国银监会、国家发改委联合发布《能效信贷指引》（银监发〔2015〕2 号），鼓励金融机构积极开展能效信贷业务，支持产业结构调整和企业技术改造升级。银行业金融机构应在有效控制风险和商业可持续的前提下，加大对重点能效项目的信贷支持力度，如有利于促进产业结构调整、企业技术改造和重要产品升级换代的重点能效项目。

作为国家重点推广的 PPP 模式，也同样被赋予了推动绿色化和传统产业转型升级的历史重任。2016 年 6 月，工业和信息化部关于印发《工业绿色发展规划（2016—2020 年）》的通知（工信部规〔2016〕225 号），该通知要求落实财税政策，加大投入力度，充分利用中央预算内投资、技术改造、节能减排、清洁生产、专项建设基金等资金渠道及政府和社会资本合作（PPP）模式，集中力量支持传统产业改造、绿色制造试点示范、资源综合利用等。落实资源综合利用、节能节水及环保（专用）装备等领域财税支持政策，将绿色节能产品纳入政府采购。2015 年 12 月，财政部下发《关于财政资金注资政府投资基金支持产业发展的指导意见》（财建〔2015〕1062 号），文件要求各级财政部门按照财税改革和构建现代财政制度的要求，结合经济发展规划、产业基础、资源禀赋及科技优势等实际情况，积极探索完善保险补偿、PPP、融资担保等市场化支持方式，形成政策合力共同支持产业发展，推动重点产业发展和产业转型升级。以山东宝莫生物化工股份有限公司一个 PPP 项目为例（见案例 3-1）。

【案例 3-1】

2014 年 12 月，山东宝莫生物化工股份有限公司发布关于中石化胜利油田新春采油厂含油污水资源化处理站（BOO 模式）中标的提示性公告，项目采用 BOO 模式运作，预计总投资 1.5 亿元。公告称，该项目有利于推动公司产业升级和业务转型，该项目有利于公司形成技术竞争优势，带动行业技术进步，该项目有利于公司进一步提升市场竞争力和盈利能力。

（二）绿色金融与 PPP 重点推广的领域一致

2016 年 8 月 31 日，人民银行等七部委发布的《指导意见》动员和激励更多社会资本投入绿色产业并抑制污染性投资，并明确以绿色金融体系的制度安排为绿色金融保驾护航。《指导意见》明确绿色金融支持的环保、节能、清洁能源、绿色交通等重点领域，正是 PPP 模式下国家重点推广的领域。截至 2016 年 10 月，从财政部发布的前三批 PPP 示范项目来看，节能环保、绿色交通、清洁能源等行业的 PPP 项目无论是项目个数还是投资规模均位居前列。总的来说，绿色金融支持的重点领域与 PPP 模式下的重点领域具有高度的一致性。

（三）绿色金融支持 PPP 的政策基础

为支持我国 PPP 的推广、加快 PPP 项目的落地，国家从金融方面大力支持 PPP 发展，引导金融机构建立快速通道，加快重大工程、PPP 项目等贷款审批流程。

近年来，我国不断出台政策通过绿色金融支持 PPP 发展。人民银行等七部委的《指导意见》指出，设立绿色发展基金，通过政府和社会资本合作（PPP）模式动员社会资本，"支持在绿色产业中引入 PPP 模式，鼓励将节能减排降碳、环保和其他绿色项目与各种相关高收益项目打捆，建立公共物品性质的绿色服务收费机制。推动完善绿色项目 PPP 相关法规规章，鼓励各地在总结现有 PPP 项目经验的基础上，出台更加具有可操作性的实施细则。鼓励各类绿色发展基金支持以 PPP 模式操作的相关项目"。

2015 年全国"两会"，李克强总理在政府工作报告中指出，大幅放宽民间投资市场准入，鼓励社会资本发起设立股权投资基金。政府采取投资补助、资本金注入、设立基金等办法，引导社会资本投入重点项目。在基础设施、公用事业等领域，积极推广政府和社会资本合作模式。2015 年 5 月，国务院办公厅转发财政部、国家发改委、人民银行《关于在公共服务领域推广政府和社会资本合作模式指导意见》（国办发〔2015〕42 号），特别指出中央财政出资引导设立中国政府和社会资本合作融资支持基金，作为社会资本方参与项目，提高项目融资的可获得性。鼓励地方政府在承担有限损失的前提下，与具有投资管理经验的金融机构共同发起设立基金，并通过引入结构化设计，吸引更多社会资本参与。

2015 年 9 月，财政部联合中国建设银行股份有限公司等 10 家机构①，共同发起设立中国政府和社会资本合作（PPP）融资支持基金。基金总规模 1,800 亿元，将作为社会资本方重点支持公共服务领域 PPP 项目发展，提高项目融资的可获得性。2016 年 12 月，中国 PPP 基金与 9 省区②在北京分别签署合作设立省级 PPP 基金的协议。此次中国 PPP 基金与 9 省区签署子基金合作协议，涉及基金总规模 437 亿元。其中，中国 PPP 基金出资 385 亿元，9 省区共出资 52 亿元，包括具体 PPP 项目 164 个，项目总投资额 5,900 亿元。项目涉及交通运输、市政工程、水利建设、生态建设和环境保护、医疗、

---

① 10 家机构分别为：中国建设银行股份有限公司、中国邮政储蓄银行股份有限公司、中国农业银行股份有限公司、中国银行股份有限公司、中国光大集团股份公司、交通银行股份有限公司、中国工商银行股份有限公司、中国中信集团有限公司、全国社会保障基金理事会、中国人寿保险（集团）公司。
② 9 省区包括：内蒙古自治区、吉林省、江苏省、河南省、湖南省、海南省、贵州省、陕西省、宁夏回族自治区。

文化、养老等领域。

总规模达1,800亿元的中国政府和社会资本合作（PPP）融资支持基金成立后，试水的第一单即为轨道交通PPP项目：被列为财政部第二批PPP示范项目的呼和浩特轨道交通1、2号线工程（见案例3-2）。

【案例3-2】

公开资料显示，呼和浩特轨道交通1、2号线建设工程是呼和浩特市有史以来投资额最大、建设周期最长的基础设施工程，是重大的民生工程、发展工程、绿色工程和提升工程，是呼和浩特市经济社会建设的"1号工程"。根据轨道交通近期建设规划，呼和浩特市轨道交通1、2号线一期工程线路总长51.4公里，工程投资共计338.8亿元。

2016年8月，中国中铁（601390）公告称，公司与某独立第三方组成的联合体中标呼和浩特市轨道交通1号线一期工程PPP项目，该线路全长21.932公里，总投资约146.8亿元，建设期57个月，运营期25年，项目总合作期约30年。公司表示，项目采用政府与社会投资人合作PPP建设模式，由呼和浩特市政府授权呼和浩特市交通投资有限责任公司为项目采购人，通过政府采购的公开招标方式，确定社会资本投资人，双方共同设立PPP项目公司。政府授权呼和浩特市机场与铁路建设管理办公室代表政府与项目公司签订特许经营协议。项目资本金比例为总投资的50%，政府与联合体在项目公司中的股比结构为49:51。

二、节能环保社会资本面临资金之困

目前我国大力推广的PPP模式主要针对基础设施建设和公共事

业项目，其具有投资规模大①（动辄几亿元、十几亿元甚至上百亿元）、运营周期长（一般为 20 ~ 30 年）、回报率较低（一般为 8% 左右，自 2016 年以来，回报率逐渐下降到 6% ~ 8%）的特点。就 PPP 模式而言，社会资本投资 PPP 项目后，一项重要的工作便是融资。然而，面对动辄数亿元、数十亿元甚至上百亿元的投资，无论是资金实力雄厚的大型企业、上市公司，还是资金实力一般的中小企业，均需要借助外部资金的力量完成投资。也就是说，投资一个 PPP 项目，社会资本以自有资金出资后，其余的则需要对外融资。②

　　然而，社会资本在寻求外部资金支持的过程中，面临不小的困难。PPP 金融包括的融资工具和范畴比较广泛，如银行贷款、基金、债券、信托、保险、融资租赁等。由于我国大力推广 PPP 的时间并不长，基金、信托、保险资金参与 PPP 项目还不多，社会资本对外融资主要倚重银行贷款。然而，社会资本在寻求银行业金融机构的支持上也并非坦途。2015 年 6 月，媒体曝出一则新闻《银行怎么看 PPP 项目：需满足 20 多项条件才给贷款》，公开报道称，一份国有商业银行的贷款审批意见书显示，针对 PPP 的不同模式银行有不同的贷款要求。一个 PPP 项目想要顺利获得银行贷款，需要满足包括所处区域、还款来源、资产负债率、实收资本以及现金流等在内的 20 多项条件。可以说，社会资本要获得银行业金融机构对 PPP 项目的大力支持还有很长的路要走。

　　以 PPP 领域中的重点行业节能环保 PPP 为例，且不论运营周期

---

　　①　数据显示，在 PPP 项目投资规模上，财政部第二批示范项目中 PPP 项目投资额在 1 亿 ~ 10 亿元的项目 101 个，占公布的示范项目总数的 49%；投资额在 10 亿 ~ 50 亿元的项目 63 个，占公布的示范项目总数的 31.1%；投资额在 50 亿 ~ 100 亿元的项目 16 个，占公布的示范项目总数的 7.8%；投资额在 100 亿元以上的项目 15 个，占公布的示范项目总数的 7.2%；只有 10 个 PPP 项目投资额在 1 亿元以下。

　　②　我国法律规定，项目总投资的 20% 需投资者以自有资金承担（部分类型的项目如产能过剩行业需要 30% ~ 40% 的自有资金），项目 80% 左右的资金需要向银行等金融机构融资。融资贷款往往是 PPP 项目的最大资金来源。

长短和回报率高低，单从资金需求上来讲对节能环保类的社会资本来说就是一大挑战：大型央企、国企、外资、行业龙头企业以及上市公司尚可凭借其自身雄厚的资本和融资便利条件（主要是增发股票、公司债券、可转债等方式直接融资，具有成本低、自主性强等特点）积极参与到节能环保PPP的竞争中。相反，对于绝大多数的中小型节能环保企业（目前，我国各类节能环保企业高达2万多家，其中绝大多数为中小型环保企业，无论在资金实力、技术实力和管理实力方面都是参差不齐）受资金不足和融资难的局限，很难在激烈的节能环保PPP市场竞争中觅得良机。

进一步而言，目前我国节能环保PPP市场已经超过万亿元，大型央企、国企、外资和上市公司在环保企业中毕竟占少数，大型或者超大型节能环保企业数量占整个节能环保企业的比重不足5%，规模50人以下的企业占比超过90%。如果单靠大型或者是超大型节能环保企业操作市场上所有的节能环保PPP项目并不现实，也不符合国家大力引进各类社会资本尤其是民间资本介入PPP项目的初衷。

概括来说，广大节能环保企业尤其是中小节能环保企业投资PPP项目，融资难主要体现在：一是社会资本成立时间不长，自身资产规模不大，抵押物有限，难以满足银行贷款要求；二是PPP法规政策本身不健全，项目资产权属的法律性质有争议，信贷融资困难重重；三是银行、信托等金融机构要求的担保条件过高；四是IPO直接融资困难重重，上市对企业来说是一条融资捷径，但这对中小企业当前来说并不现实。虽然2015年环保企业上市风起云涌，仅上半年就有7家企业成功实现IPO成为上市公司，这一年也被称为环保企业的"上市年"，但从整体来看，上市企业"堰塞湖"现象并未根本性改观。截至2015年12月3日，证监会受理首发企业694家，其中，已过会企业58家，未过会待审企业616家，中止审查企业 20 家。中国证监会受理首发企业数量达到近 700 家，而在这一"队伍"之外的计划上市企业，数量可能更为庞大。

实践发现，当下对节能环保企业来说，较为现实的做法是按照传统的融资模式即寻找银行业金融机构的支持。不过，我国推广 PPP 时间不长，PPP 还处在起步阶段，银行业金融机构在支持 PPP 方面也是慎之又慎。

以一个"光电锅炉集中供热"节能环保 PPP 项目为例（见案例 3－3）。

【案例 3－3】

近年来，我国大气污染十分严重。按环保部门统计数据，导致雾霾的一大元凶是烧煤，我国煤炭使用对 PM2.5 年平均浓度的贡献估算在 51% ~ 61% 之间。而"用煤不当"是雾霾产生的重要原因，其中主要体现在工业和散煤燃烧方面：一是我国煤炭消费主要集中在电力和工业领域，燃煤发电和工业用煤分别占我国煤炭使用量的 50% 和 30% 左右；二是散煤燃烧，我国小锅炉、家庭取暖、餐饮用煤等"散煤"每年消耗量 7 亿吨至 9 亿吨，占全国煤炭消耗量的 20%。由于温度低和燃烧不充分，散煤燃烧产生大量颗粒物、二氧化硫、一氧化碳等污染物，再加上多数地区尤其是广大农村地区使用的供热设备没有除尘过滤装置，对环境产生严重污染。

华北某市位于我国京津冀地区，该市经济发达，工矿企业众多，人口超过百万。多年来，某市城区大部分企事业单位、居民采取的是小锅炉分散供热方式。与大型锅炉集中供热相比，小锅炉供热方式存在许多弊端：一是供热质量差、供热能力低，无法满足人民群众的供暖需求；二是小锅炉大多数都没有配置有效的除尘装置和脱硫脱硝设施，污染物排放超标，导致环境污染情况严重。

为保障人民群众供热需求、改善城市大气环境，某市政府决定上马"光电锅炉①集中供热项目"（以下简称本项目）。本项目具有节能减排、高性能、安全、应用面广、成本低、体积小巧、占地省等诸多特点，适用于量大面广的工业锅炉和替代无任何环保措施的广大农村散煤燃烧。

本项目总投资2亿元人民币，项目前期以政府、学校、医院等事业单位老旧锅炉改造为主，后期逐步进入工厂、广大农村地区，替代以散煤燃烧为主的采暖煤炉。鉴于本项目投资规模大且技术性强，某市政府通过竞争性磋商和拥有光电锅炉国家发明专利技术的某节能环保公司以PPP模式下的BOT模式合作。某节能环保公司负责项目的设计、建设、运营、维护和移交，双方合作期限15年。双方签订PPP特许经营协议后，按照法律规定，某节能环保公司需要贷款1.6亿元（投资额的20%为企业自有资金）。

某节能环保公司是国内一家刚刚成立3年的中小民营企业，公司发起人均为高科技人才，公司拥有的核心技术为"全自动光电供热系统"。本项目PPP特许经营协议签订后，社会资本方的贷款并不顺利：某银行要求某节能环保公司提供足额抵押、特许经营权的收益权质押甚至需要当地大企业提供担保，等这家节能环保公司历经近半年时间且费尽九牛二虎之力完成所有贷款手续后，某银行又指出上级银行担心"长投短贷"期限错配风险，贷款事宜重新搁置……最后，在多方协调下，这家节能环保公司从某银行贷款5,000万元，其剩余资金再寻求别的方式解决。

三、绿色金融助力节能环保PPP

在政府、社会资本和金融机构等多方主体的积极参与下，发挥

---

① 光电锅炉主要工作原理是通过电光源转换为光能，再通过一套聚焦系统把散射到三维空间的光能聚焦到一个指定区域，在这个区域产生1,000多度的高温，达到能源清洁利用的目的。

绿色金融的杠杆作用，才能够满足我国大力促进绿色 PPP 项目落地和发展绿色产业的资金需求。

（一）绿色金融支持绿色 PPP 的必要性

研究发现，一方面，未来五年我国每年绿色产业投资额需求将达 2 万亿~4 万亿元①，在全部绿色投资中，其中财政每年约投入绿色产业 3,000 亿元，可以说资金缺口巨大，80% 以上的资金需要来自社会资本的支持，政府以 PPP 模式和社会资本合作、发挥社会资本的优势成为必然的选择，而社会资本在投资绿色产业后，同样也需要来自银行、基金、信托、保险、证券等金融机构的大力支持；另一方面，央企、国企、民企、外资以及混合所有制企业等各类社会资本在以 PPP 模式投资我国绿色 PPP 项目（污水处理、垃圾处理、河道治理、轨道交通、地铁、清洁能源等）后，大都面临资金的缺口，也需要借助金融机构的力量完成绿色 PPP 项目的投融资、建设以及运营。因此，要大力推广我国绿色 PPP，必须要有绿色金融的大力支持，建立我国的绿色金融体系迫在眉睫。

（二）节能环保 PPP 需绿色金融支持

随着国家加大环境污染治理，我国环保产业迎来极大的发展空间。近年来，我国生态保护和环境治理行业投资高速增长。2016 年 1—7 月，我国生态保护和环境治理行业投资增长 32.4%，比全部投资高 24.3 个百分点。如上所述，随着"三大行动计划"出台，资金是亟待解决的一大核心问题。据了解，在资金支持方面，2014 年，中央财政先后安排专项资金 100 亿元以支持各地开展大气污染防治；安排专项资金 55 亿元，支持 55 个水质较好的湖泊保护；安排 59 亿

---

① 根据世界自然基金会的测算，"十三五"期间，我国绿色融资需求为 14.6 万亿元，若选择更高标准的环境修复方案，则资金需求高达 30 万亿元。

元专项资金，支持农村环境连片整治，持续强化土壤污染防治。不过，与 17 万亿元的环保领域投资相比，中央财政资金支持差距很大，环保投资面临巨大的资金缺口，需要引进社会资本、借助社会资本的力量完成环保投资。

所谓"兵马未动，粮草先行"，政府选择与社会资本合作，资金是重中之重的问题，也是政府衡量社会资本实力的一项极为重要的指标（其他的重要指标主要是建设、运营和维护能力），许多情况下，更是政府是否选择与某个社会资本合作的前提条件。而反过来，资金问题也是社会资本是否选择投资节能环保 PPP 项目的首要问题之一（多数情况下甚至没有"之一"）。换句话说，是否有足够的资金、是否能够承受融资风险是社会资本首先要解决的问题。现实情况是，面对动辄数亿元、几十亿元甚至上百亿元规模的 PPP 项目，社会资本存在着自有资金撬动不足的困难，导致 PPP 项目落地率不高。对节能环保 PPP 领域而言，当下亟待建立 PPP 绿色金融体系。环保部相关负责人表示，没有 PPP、没有第三方治理、没有金融、没有社会资本进入环境保护领域，要完成"十三五"环境保护的任务基本是一句空话。

（三）绿色金融助力节能环保 PPP

很显然，未来我国节能环保 PPP 项目的投资绝大部分需要社会资本担纲，而社会资本又需要绿色金融的大力支持。那么，中央和地方应该怎么支持，力度多大，从哪些方面着手，持续时间多久，应该如何规范，这些都是我国面临的现实问题。

大体而言，科学的绿色金融体系主要应该引导广大的优质社会资本积极投入到绿色 PPP 项目中，以达到国家节能减排的目标和发展绿色经济、低碳经济、循环经济的目的，在可选择的大量绿色 PPP 项目中，将资金以"给定减排目标，资金使用效率最高"的原则进行配置。事实上，"绿色金融"的主要作用是引导资金流向节能环保、清洁能源、绿色交通运输、绿色建筑等绿色产业。中共中央、国务院 2015 年 9 月发布的《生态文明体制改革总体方案》首次明确提出"要建立我国的绿色金融体系"。

1. 绿色信贷方面。目前，我国每年新增信贷总量约为 10 万亿元，按绿色信贷占信贷总量的 10% 计算，我国每年新增绿色信贷约 1 万亿元，而我国每年绿色信贷投资需求需要 4 万亿元。换句话说，我国每年的绿色信贷有 3 万亿元左右的资金缺口。[①] 2016 年 9 月，银监会召开新闻发布会指出，在引导银行业支持绿色金融方面，银监会率先构建绿色信贷制度框架，牵头建立绿色信贷国际交流合作机制，率先建立全面的绿色信贷统计制度，率先实施绿色信贷综合考核评价。

2. 绿色债券方面。绿色债券、绿色基金、绿色信贷等多样化的融资渠道保障了节能环保 PPP 项目的安全性。其中，绿色债券是环保企业启动融资最为迅速的金融工具之一。因此，国家应鼓励投资节能环保 PPP 项目的社会资本直接融资，如支持符合条件的节能环保社会资本以企业的名义或者以绿色 PPP 项目的名义发行绿色债券以筹集节能环保 PPP 项目的建设、运营资金。如污水处理、垃圾焚烧处理、轻轨、地铁等项目投资规模大、运营期长，社会资本通过发行绿色债券可以解决投资此类 PPP 项目的资金不足问题。

3. 绿色基金可以通过市场化手段，引导资金、技术、人才等核心要素向绿色产业转移，从而推动我国的经济转型和产业结构调整升级。国家应鼓励绿色产业投资基金、私募资金、风险投资等加大节能环保 PPP 项目的资金投入。

---

① 根据世界自然基金会的测算，"十三五"期间，中国绿色融资需求为 14.6 万亿元，如果选择更高标准的环境修复方案，则资金需求高达 30 万亿元。照此计算，我国绿色信贷资金缺口更大。

4. 当前，国内 IPO "堰塞湖" 现象严重。据不完全统计，截至 2016 年 11 月，国内 IPO 排队审核的企业有 600 多家，其中有 30 余家环保企业，比例约为 5%。针对我国环保企业上市融资难，我国应建立环保企业上市的绿色通道，鼓励技术先进并能为我国环境治理事业作出突出贡献的中小企业积极上市，提高其投资绿色环保 PPP 项目的能力和热情。进一步而言，在我国大力推广 PPP 的当下，环保企业上市后可以通过资本市场直接融资，从而有足够的资金投资环保 PPP 项目，加快我国环境治理的步伐。

四、绿色金融仍面临环保 PPP 风险

研究发现，环保 PPP 项目总投资额约为整个 PPP 领域的 7% ~ 10%，也就是说，我国环保 PPP 市场高达万亿元。众所周知，PPP 主要是基础设施建设和社会公共服务项目，其特点是投资规模大、利润率不高、回收期长，且无论是在设计、融资、建设环节还是漫长的运营管理环节，都存在着各种变数和各种各样的风险。可以说，风险伴随着 PPP 项目的全生命周期（是指项目从设计、融资、建造、运营、维护至移交的完整周期）。作为 PPP 领域的重要行业，环保 PPP 也不例外。大体来说，实践中环保 PPP 项目主要面临以下几种风险。

（一）政府运作不规范和决策失误风险

PPP 模式虽然在我国已经有 30 年的发展历史①，不过此前在我

---

① PPP 在我国的发展大致经历了五个阶段：第一阶段为改革开放以来，一部分外资进入基础设施和公用事业领域；第二阶段自 20 世纪 90 年代开始，以 BOT 为代表的 PPP 模式被引入到基础设施领域，主要是外商投资特许经营权项目；第三阶段为 2003 年到 2008 年，以国企为主导，BOT 和 TOT 模式较为流行；第四阶段为 2009 年到 2012 年，国家出台四万亿元经济刺激计划，PPP 明显弱化；第五阶段自 2013 年开始，政府宣布鼓励社会资本参与基础设施建设，尤其是 2014 年下半年以来，PPP 模式再度进入活跃期。

国发展得不温不火，再加上一直以来我国基础设施建设和公共服务项目建设以地方政府为主导，PPP 并没有形成大规模的实际操作案例，部分地方政府也缺乏 PPP 项目的实际运作经验和能力：一是决策程序不规范和不严谨，如部分项目"物有所值评价"和"政府财政承受能力论证"不规范，甚至出现为了评价而评价，为了论证而论证，评价和论证流于形式；二是决策过程冗长，有的项目从项目识别到完成采购签订合同，时间长达一年以上，需要耗费社会资本和政府大量的财务成本和时间成本；三是决策失误给社会资本的建设、运营留下巨大隐患，如有的项目并不适合采取 PPP 模式，部分地方政府却急于缓解财政压力而采取明股实债、回购安排等方式变相融资，将部分项目包装成 PPP 模式①，有的项目虽然适合采取 PPP 模式却在社会资本的回报率上安排得不合理，要么社会资本获得暴利，造成公众利益受损，引发公众的不满情绪，要么社会资本无利可图甚至长期亏损，无法收回投资，导致项目运营困难，最终损害社会资本和公众的利益，有违国家推出 PPP 模式的初衷。这方面的例子不胜枚举。

（二）法律法规体系不完善且存在变更风险

目前，我国 PPP 仍处于探索和起步发展阶段，并没有形成完善的法律法规政策体系，最高层级的 PPP 法律尚未出台（目前主要是由国务院法制办牵头负责），虽然近两年我国先后出台了有关 PPP 的 60 多个部门规章、100 多个地方性法规、政策，但存在两方面的问题：一是 PPP 法规政策与旧有的法律法规内容多有矛盾和冲突，难以有效衔接；二是现行与 PPP 相关的法规政策多为部门规章或者地

---

① 2015 年 6 月 26 日，财政部印发了《关于进一步做好政府和社会资本合作项目示范工作的通知》，其中明确规定，严禁通过保底承诺、回购安排、明股实债等方式进行变相融资，将项目包装成 PPP 项目。

方性法规，主要采用的是国家部委发"通知"、"意见"的方式来规范 PPP 项目操作，但 PPP 部门规章相互矛盾，使得地方政府在实际操作 PPP 项目的过程中无所适从。此外，我国 PPP 法律法规体系正在不断的修订、完善，在此过程中，如果出现由于颁布、修订、重新诠释法律或规定而导致 PPP 项目的合法性、投资回报等核心要素发生重大变化，将直接导致项目的中止和失败，给社会资本和 PPP 项目本身带来巨大的损失。

（三）公众反对风险

所谓公众反对风险主要是指由于 PPP 项目在建设和运营过程中导致公众利益得不到保护或受损，从而引起公众反对项目建设和运营所造成的风险。研究发现，公众反对风险在环保类的 PPP 项目中体现得尤为明显，公众反对风险主要表现在两个方面：一是涉及到拆迁、征地，各方对补偿款存有较大争议；二是项目本身涉及到环境污染问题，比如某地要建污水处理厂、垃圾焚烧发电站项目，一般都会受到当地公众强烈反对，即所谓的"邻避效应"[①]。如果处理不当，社会资本有可能在付出大量的人力物力之后"竹篮打水一场空"，损失惨重，此类例子近几年各地常有发生，环保类的社会资本对此相当谨慎。

（四）社会资本融资风险

PPP 项目特许经营期长达 10 年至 30 年，正如专业人士所言，PPP 就像一场足球赛，上半场通过充分竞争的方式选择一个最有实

---

① 邻避效应（Not－In－My－Back－Yard，译为"邻避"，意为"不要建在我家后院"）指居民因担心建设项目对自己的身体健康、环境质量和资产价值等带来诸多负面影响，从而激发厌恶情结，滋生"不要建在我家后院"的心理及采取强烈甚至高度情绪化的集体反对、抗争行为。

力的项目投资人，下半场最关键的是要解决融资的问题。PPP 模式下，项目的融资风险由地方政府转移到社会资本。如上所述，PPP 项目工程规模大①，对一般社会资本尤其是中小环保企业来说要利用自有资金完成几十亿元甚至上百亿元的项目不太现实，均需要借助金融机构的力量。而目前金融机构对 PPP 项目融资缺乏足够的政策支持和动力，对 PPP 项目融资往往慎之又慎，导致中小环保企业筹措资金相当困难，融资风险大。

（五）政府信用风险

政府信用风险指政府不履行或拒绝履行合同约定的责任和义务而给 PPP 项目带来直接或间接的危害。体现在环保 PPP 项目中，较为常见的是污水处理、垃圾焚烧处理等需要政府提供可行性缺口补贴的项目以及生态环境治理等需要政府完全付费的项目，在运营过程中遇到政府换届、公众反对等，部分地方政府不兑现原有承诺，导致社会资本利益受损。

（六）市场收益不确定和收益不足风险

主要是指项目的投资收益不能满足社会资本收回投资或达到预定的收益。"盈利不暴利"是国家对社会资本的投资收益要求，环保 PPP 项目亦是如此。研究发现，近几年，随着国家政策大力支持环

---

①　以财政部第三批 PPP 示范项目为例，第三批 PPP 示范项目共确定 516 个项目，占全部申报项目的 44%，计划投资金额 11,708 亿元。从本次示范项目投资规模分布情况看，1 亿~5 亿元区间的项目数量最多，为 168 个，5 亿~10 亿元区间的项目为 111 个，二者占比达 54%；投资规模在 1 亿元以下的项目有 18 个，占比仅为 3.5%。此外，10 亿~15（含）亿元区间的项目数为 53 个，15 亿~20（含）亿元区间的项目数为 53 个，20 亿~25（含）亿元区间的项目数为 29 个，25 亿~30（含）亿元区间的项目数为 19 个，30 亿~40（含）亿元区间的项目数为 20 个，40 亿~50（含）亿元区间的项目数为 12 个，50 亿~60（含）亿元区间的项目数为 13 个，60 亿~100（含）亿元区间的项目数为 17 个，100 亿~200（含）亿元区间的项目数为 17 个，大于 200 亿元项目数为 8 个。

保产业，各类环保或非环保的社会资本对环保产业虎视眈眈，都盯上了环保这块"大蛋糕"。在各类社会资本加快步伐抢占市场机遇的同时，环保行业恶性竞争愈演愈烈，如污水处理 PPP 项目超低价中标①，污水处理服务费甚至无法覆盖运营成本，社会资本收益严重不足。不仅如此，低价竞标还会带来一系列风险隐患，如环保项目资金链断裂出现烂尾工程以及运营排放不达标造成二次环境污染等。

（七）不可抗力风险

不可抗力指不能预见、不能避免并不能克服的客观情况。法律上对不可抗力有明确的规定，具体来说包括：（1）自然灾害。这类不可抗力事件是由自然原因引起的，如水灾、旱灾、火灾、风灾、地震等。（2）社会事件。在环保类的 PPP 项目中，不可抗力的情况并不鲜见。

环保 PPP 市场虽属巨量级，但在实践过程中仍存在诸多风险与困难。支持经济发展是金融机构的重要职责，同时防范金融风险、维护金融稳定也是金融机构的重要社会责任。对金融机构而言，怎样做到以绿色金融支持环保 PPP 项目的同时又能防范自身的风险，这对金融机构提出了严峻的考验，也提出了必须解决的现实课题。

五、打包捆绑：绿色金融与 PPP 的结合点

研究发现，近年来，我国不断出台政策通过绿色金融支持 PPP 发展。而在绿色金融支持 PPP 模式的政策中，更是鼓励"节能减排

---

① 2015 年 12 月，国内某污水处理厂迁建工程 BOT 项目正式签约，由某钢铁公司牵头组成的联合体负责项目的融资、设计、建设和管理运营，特许经营期限共计 30 年（含建设期）。某钢铁公司之所以从众多强有力的竞争者中脱颖而出，一个重要的原因即报价低，其 0.727 元/立方米的单价报价比最高报价 1.660 元/立方米的一半还要少。有竞标人士称，0.727 元/立方米的报价已经低于成本价。

降碳、环保和其他绿色项目与各种相关高收益项目打捆"。事实上，在推广 PPP 模式的众多政策性文件中，也有专门针对"打包捆绑实施 PPP 模式"的规定。

就"打包捆绑"而言，绿色金融与 PPP 有着扎实的政策基础，二者之间有良好的结合点。进一步说，绿色金融支持 PPP 有明确的指向和"落脚点"。

（一）绿色金融鼓励 PPP 项目"打包捆绑"

人民银行等七部委发布的《指导意见》指出要设立绿色发展基金，通过政府和社会资本合作（PPP）模式动员社会资本，"支持在绿色产业中引入 PPP 模式，鼓励将节能减排降碳、环保和其他绿色项目与各种相关高收益项目打捆，建立公共物品性质的绿色服务收费机制。推动完善绿色项目 PPP 相关法规规章，鼓励各地在总结现有 PPP 项目经验的基础上，出台更加具有操作性的实施细则。鼓励各类绿色发展基金支持以 PPP 模式操作的相关项目"。

（二）PPP 法规政策支持"打包捆绑"

在 PPP 模式中，社会资本的回报方式主要有三种：一是如供水、供电、供暖等市场化程度高的项目，即属于使用者付费的经营性项目；二是如污水处理、垃圾处理等市场化程度较前者较低的项目，项目本身虽有一定的盈利，但需要政府提供可行性缺口补贴才能实现社会资本的盈利，即准经营性项目；三是河道治理、市政道路、公园建设等纯公益类项目，由于项目本身没有稳定的现金流，不能给投资者直接带来经济收益，因此完全需要政府付费才能维持 PPP 项目的运营和社会资本的投资回报。

实践中，社会资本针对前述三类项目的投资热情呈由高到低的趋势，即供水、供电、供暖、供气类项目竞争相当激烈，污水处理和垃圾处理次之，而纯公益类项目积极性最低。因此，为达到既满足社会资本的盈利性要求和投资积极性，又规避部分投资者挑肥拣瘦的目的，将现金流稳定、盈利性好的项目与纯公益类项目"打包捆绑"成为地方政府在推行 PPP 项目过程中的一种新选择。① 伴随着 PPP "打包捆绑"模式的实践，这种方式亦体现在政策层面。

2014 年 11 月，国务院发布《关于创新重点领域投融资机制鼓励社会投资的指导意见》（国发〔2014〕60 号）指出推进市政基础设施投资运营市场化，"改革市政基础设施建设运营模式。推动市政基础设施建设运营事业单位向独立核算、自主经营的企业化管理转变。鼓励打破以项目为单位的分散运营模式，实行规模化经营，降低建设和运营成本，提高投资效益。推进市县、乡镇和村级污水收集和处理、垃圾处理项目按行业'打包'投资和运营，鼓励实行城乡供水一体化、厂网一体投资和运营"。2015 年 2 月，财政部和住建部联合下发《关于市政公用领域开展政府和社会资本合作项目推介工作的通知》（财建〔2015〕29 号）指出"鼓励项目通过有效打包整合提升收益能力，以促进一体化经营、提高运营质量和效率"。

此外，2015 年 4 月，财政部和环保部联合发布《关于推进水污染防治领域政府和社会资本合作的实施意见》（财建〔2015〕90 号，以下简称《意见》），在水污染防治领域将大力推广运用政府和社会资本合作（PPP）模式，逐步将水污染防治领域全面向社会资本开放。针对水污染防治领域项目特点，《意见》提出以饮用水水源地环境综合整治等为 PPP 推进的重点领域。鼓励对项目有效整合，打包

---

① "打包捆绑"可以充分发挥社会资本在资金、技术和管理方面的优势，最明显的是社会资本通过对资本、人才、技术等各种资源的科学调配，从而大幅降低建设和运营成本，这是单独操作纯公益类 PPP 项目不可比拟的。实践中，PPP 项目"打包捆绑"取得了不错的效果，典型的案例有海南 16 座污水处理厂打包委托运营招商、贵州省黔南州和黔东南州 22 座污水处理厂以 BOT 模式打捆招商、江苏武进 3 座污水处理厂委托运营打包招商、贵州桐梓县 13 个污水处理 PPP 招商等。

实施PPP模式，提升整体收益能力，提高外部效益。"鼓励实施城乡供排水一体、厂网一体和行业'打包'，实现组合开发，吸引社会资本参与"。

以下为一起PPP模式"打包捆绑"案例（见案例3-4）。

【案例3-4】

2015年9月，华北某县政府通过公开招投标与某知名环保集团就该县的供排水项目、河道治理项目和水库发电项目以PPP模式"打包捆绑"合作。

1. 供排水项目（BOT模式合作）

（1）自来水厂建设项目

随着近年来某县经济快速发展、人口快速增加，用水量不断增长，再加上连年干旱少雨，县河水量不断减少，地下水补给严重不足，城区供水供需矛盾日趋严重，不仅给人民生活带来极大不便，而且严重制约了某县经济发展。本项目供水规模为4万立方米/日，设计水平年为2015年；规划远期规模扩建至6万立方米/日，设计水平年为2020年。此外，本项目附属设施为：净水输送管道DN700，管长为6.6公里，管材选用球墨铸铁管。本项目总投资1.3亿元。

（2）污水处理项目

某县目前城区内人口为15万人，规划至2020年达到28万人。随着县城中心区的面积不断扩大和城市化建设，生活污水随意泼洒和工业废水超标排放，严重污染了地下水，环境污染问题日益严重。为改善某县环境、实现经济社会可持续发展，某县决定新建一座污水处理厂，项目工程建设规模6万立方米/日，项目总投资约2.1亿元。

（3）中水处理项目

为提高某县水资源综合利用效率，增加中水利用价值，减少废水的直接排放量，保护环境，促进某县可持续发展，某县决定新建中水回用工程，工程等别为Ⅳ等，主要建筑物级别为 4 级。建设规模及建设内容为利用某县污水处理厂处理后的中水，共铺设管道 38 公里，其中 DN400 混凝土管道 18 公里、KN800 混凝土管道 20 公里。项目总投资 1.8 亿元。

2. 河道治理项目（BOT 模式合作）

某县河段大部分河道的行洪能力不足，支流汇入口没有工程设施，水流紊乱，破坏堤防，河道淤积严重。为此，某县决定对河道进行整治。某县河道整治项目规模约 5.5 亿元，项目全长 3,200 米，主要建设内容包括：河道清淤 32 米、浆砌石河堤 6,400 米，堤顶防洪道路 6,400 米，安全防护栏 6,400 米。根据《防洪标准》（GB 50201—94）及《堤防工程师设计规范》（GB 50286—98）中的规定，按 20 年洪水标准。本项目的实施，不仅可以提高河道的防洪标准，而且可以改善当地生态环境，促进各行业的全面发展。

3. 水库发电站项目（BOT 模式合作）

为充分开发利用某县较为丰沛的水能资源，缓解某县用电紧张问题，促进某县经济社会的快速发展，某县决定新建两座水库水电站，其中一级电站为Ⅳ等工程小（1）型，建筑物级别为 4 级；二级电站为Ⅴ等工程小（2）型，建筑物级别为 5 级。某县水电站总装机容量约 30,000kW，年均发电 7,800 万 kW·h。本项目主要由拦河坝、输水隧道、电站厂房、尾水渠、升压站、管理房、供水管道等建筑物组成，工程项目总投资 4.5 亿元。

经研究，上述"打包捆绑"PPP 项目共有 5 个，全部为 PPP 模式下的 BOT 项目。从项目性质上分，共有三类，即供排水项目、河道治理项目和水库发电项目。其中，供排水项目共 3 个，总投资 5.2 亿元，属社会资本追捧的现金流稳定、投资回报较高且风险较小的 PPP 项目；河道治理项目共 1 个，总投资 5.5 亿元，属社会资本非常慎重的投资规模大、没有现金流且风险较大的 PPP 项目；水库发电项目虽然比供水和污水处理投资规模要大、风险要高（受季节、雨量、用户多少因素影响很大），但比河道治理又能产生较大的经济效益。

　　总体而言，某县政府与某环保集团以 PPP 模式"打包捆绑"合作，达到了多个目的：一是实现了地方政府借助社会资本建设基础设施和社会公共项目的目的；二是大大改善了地方生态环境；三是拉动了地方经济增长；四是规避了社会资本"挑肥拣瘦"，项目可以说是"肥瘦皆宜"，既从整体上开展基础设施建设和社会公共项目，又避免了舆论的指责；五是可以充分发挥社会资本在资金、技术、人才方面的优势，通过社会资本科学合理地配置资源，大大节省建设和运营成本，实现较单独操作某一项目无法比拟的收益回报。

六、绿色金融支持分布式光伏发电 PPP 项目

　　公开数据显示，我国重工业占 GDP 的比重在主要经济体中最高，重工业产生的空气污染是服务业的 9 倍；我国能源结构中煤炭消费占 2/3[①]，在给定当量的情况下，燃煤产生的空气污染是清洁能源的 10 倍。由此可以证明，我国经济转型和产业结构（包括能源结构）调整升级的重要性，同时也说明包括节能环保、清洁能源、绿色交通运输、绿色建筑在内的绿色产业发展前景广阔。

　　发展绿色产业，需要绿色金融的大力支持。具体对能源结构而言，绿色金融将逐渐改变我国能源消费结构。绿色金融对清洁能源、绿色交通等重点领域的支持将进一步加速我国能源消费结构的绿色

---

　　① 党中央、国务院发布的《关于加快推进生态文明建设的意见》指出，到 2020 年，我国资源利用要更加高效，单位国内生产总值二氧化碳排放强度比 2005 年下降 40% ~ 45%，能源消耗强度持续下降，资源产出率大幅提高，用水总量力争控制在 6,700 亿立方米以内，万元工业增加值用水量降低到 65 立方米以下，农田灌溉水有效利用系数提高到 0.55 以上，非化石能源占一次能源消费比重达到 15% 左右。

升级。未来我国能源消费结构中煤炭消费比重将不断降低，同时清洁能源比重将随之增加。根据社科院发布的《世界能源中国展望2014—2015》预计，中国 2020 年和 2030 年煤炭需求占比有望分别下降到 58% 和 50% 左右。

（一）我国能源结构将向"绿色"转变

2016 年 11 月 7 日，国家发改委、国家能源局发布《电力发展"十三五"规划》（以下简称《规划》），规划期为 2016 年到 2020年，涵盖了水电、核电、气电、风电、太阳能发电等各类电源和输配电网。《规划》以 2020 年非化石能源消费比重达到 15% 为硬指标，全国煤电装机规模力争控制在 11 亿千瓦以内。到 2020 年我国非化石能源装机占比将上升到 39%，气电装机占比提升到 5%，火电装机占比下降到 55%。《规划》提出，到 2020 年，太阳能发电装机达到 1.1 亿千瓦以上，其中分布式光伏 6,000 万千瓦以上、光热发电500 万千瓦。

（二）分布式光伏发电迎来良机

1. 绿色能源逐渐取代传统能源成为全球的共识，而分布式光伏发电越来越成为一种全球化的趋势。在欧美发达国家，家用光伏发电早已成了普通家庭的常用电。光伏发电是一种利用太阳电池半导体材料的光伏效应，将太阳光辐射能直接转换为电能的一种新型发电系统。目前，光伏发电在我国主要有三种运行方式，即并网、离网和混合运行。[①] 所谓分布式光伏发电特指在用户场地附近建设，运

---

① 并网发电是指光伏发电系统发出来的电经过逆变器变为交流电，与电网相连后，通过升压或者直接低压接入负载；离网发电是指光伏发电系统发出来的电存储到蓄电池，通过逆变器变为交流电供用电设备直接使用或者不经过逆变器直接供直流用电设备，用电并不与电网相连；混合发电指将并网与离网结合，通过设置控制阀，手动或自动控制切换为并网模式或离网模式。

行方式以用户侧自发自用、多余电量上网，且在配电系统平衡调节为特征的光伏发电设施。分布式光伏发电遵循因地制宜、清洁高效、分散布局、就近利用的原则，充分利用当地太阳能资源，替代和减少化石能源消费，这是一种新型的、具有广阔发展前景的发电和能源综合利用方式。

2. 截至 2015 年底，我国光伏发电累计装机容量 4,318 万千瓦，其中地面电站 3,712 万千瓦，分布式 606 万千瓦。到 2020 年分布式光伏发电装机容量将达到 6,000 万千瓦以上，五年时间装机容量增长 10 倍，"十三五"期间我国分布式光伏发电将会迎来发展的大机遇。

（三）我国加大对分布式光伏发电的支持力度

分布式光伏发电的优点很多，既有节能减排的社会效益，也有良好的经济效益。

1. 研究发现，家用分布式光伏电站每发一度电，就相当于节约标准煤 0.4 千克，减排二氧化碳 0.947 千克，具有非常明显的节能减排效果，社会效益明显。以浙江某污水处理 PPP 项目为例，分布式光伏发电设备建设于该污水处理厂的屋顶、沉淀池、生化池和接触池等处，装机容量共 5MW，预定在 25 年的运营期内总发电量约 1 亿度，电力主要用于污水处理[①]。项目的环保效益非常高，相当于植树 560 多万棵。

2. 分布式光伏发电在节能减排的同时，还能产生良好的经济效益。如上所述，分布式光伏发电站运行方式为用户自发自用、多余电量上网，既能节省企业的发电成本，还能够通过多余电量上网产生经济效益。此外，为支持分布式光伏发电在我国的快速发展，自

---

① 污水处理厂主要运行费用是电费，污水处理厂运行过程中，由于风机、水泵、曝气设备、电机等的使用，消耗大量能源，电耗主要用于污水提升、输送和处理。

2013 年以来，国务院、国家发改委、国家能源局、相关省份多次发文推进光伏发电技术的应用。根据国网《关于印发分布式电源并网服务管理规则的通知》（国家电网营销〔2014〕174 号）规定，分布式光伏的上网模式分"自发自用、余电上网"和"全额上网"两种模式。两种模式的电价计算也不相同。其中，"自发自用、余电上网"模式为："每度电自发自用部分电价 = 用户电价 + 0.42 元（国家统一补贴，连续补贴 20 年，下同）+ 地方补贴（各地政策不一样，下同）"，"余电上网部分电价 = 当地脱硫煤电价 + 0.42 元 + 地方补贴"；"全额上网"电价模式为：全国统一为每度 1 元。

（四）分布式光伏发电在 PPP 领域的运用

从全球发展情况看，目前，PPP 模式主要运用在能源、电力、交通以及节能环保等领域。就我国而言，PPP 模式在能源、交通运输、水利、环境保护、卫生、医疗、养老等公共服务领域都有着广阔的发展空间。

能源是我国大力推广的 PPP 模式中重要的领域，财政部和国家发改委推出的 PPP 示范项目中，能源行业的项目都举足轻重。如财政部 PPP 信息中心推出的第一批 PPP 示范项目名单中，第一个项目即为能源领域项目：位于天津的新能源汽车领域"新能源汽车公共充电设施网络项目"[①]。进一步研究发现，我国第一个成功兴建、第一个成功移交的 PPP 模式下的 BOT 项目是深圳沙角 B 电厂，项目建于 20 世纪 80 年代电力严重短缺时期，由深圳能源集团有限公司与香港合和电力（中国）有限公司合作兴建，合同期为 10 年。沙角 B

---

　　① 根据《天津新能源汽车推广应用实施方案（2013—2015）》，2015 年全市将推广应用 1.2 万辆新能源汽车，项目采取 PPP 模式，特许经营期为 20 年。计划到 2016 年全市将建设公交充电站 40 个、公共充电桩 2,000 个，总投资约 5.16 亿元。项目建成后将为 6,800 辆新能源汽车提供充电服务，其中公交车 2,000 辆、区域运营车 3,300 辆、物流车 1,500 辆，覆盖率为 57%，并逐步向社会其他新能源车辆开发充电服务项目。

电厂安装两台 35 万千瓦燃煤机组，总投资 40 亿港元。1985 年 7 月 1 日电厂正式开工，两台机组分别于 1987 年 4 月、7 月并网发电。截至 1999 年 7 月 31 日，沙角 B 电厂累计上网电量达 462 亿千瓦时，为广东省的经济发展提供了强大动力。

（五）分布式光伏发电项目需绿色金融支持

分布式光伏发电项目虽然社会效益和经济效益都较高，但投资额较大，尤其是对分布式光伏发电 PPP 项目而言更是如此，因此需要金融机构的大力支持。而分布式光伏发电属于典型的清洁能源项目，符合绿色金融支持的范畴。如中行某市分行为某 4MW 光伏发电项目提供信贷支持，使得项目最终得以顺利完工，每年节约电能约 400 万千瓦时、节约煤 1,300 多吨、减排二氧化碳 2,500 多吨、减排二氧化硫和氮氧化物各 10 多吨、减排粉尘 20 多吨。国家开发银行贯彻绿色信贷政策，推动青海省光伏产业跨越式发展。[①] 建行河北省分行大力支持清洁能源项目，在省辖风力、水力、光伏资源丰富的区域（张家口、承德、唐山、秦皇岛）大力支持风力发电（包括海上风电）、水力发电和太阳能发电项目。截至 2016 年 10 月底，建行河北省分行风力发电、水力发电、光伏发电项目存量客户 70 户，较年初新增 12 户，贷款余额 156.82 亿元，较年初新增 17.16 亿元，增幅 12.29%。

以下为一起绿色金融支持分布式光伏发电 PPP 项目的案例（见案例 3 - 5）。

【案例 3 - 5】

2013 年初，我国西部某市上马一个光伏发电项目（以下简称本

---

① 截至 2014 年末，青海省已建成并网光伏电站近 150 座，累计装机容量 400 多万千瓦，约占全国光伏发电累计装机容量的 19%，位列全国第二。

项目)。本项目采取 PPP 模式下的 BOT 模式引进社会资本建设、运营。通过公开招标,社会资本某光伏发电技术有限公司中标。政府与社会资本双方合作期限 20 年。本项目总装机容量 130MW,总投资 11 亿元。鉴于项目投资额大,某光伏发电技术有限公司通过银行融资,经过多次沟通,某商业银行对本项目采取绿色贷款的方式予以支持,以同期基准利率为基础,贷款利率下浮 15%,贷款期限 15 年,以项目电费收益权作抵押。

第四章　绿色信贷加快绿色 PPP 落地

绿色信贷是绿色金融体系的重要组成部分，绿色信贷对银行业金融机构和社会经济发展都具有重要的现实意义。通常情况下，绿色金融主要指银行等金融机构采取优惠的信贷资金支持节能环保、清洁能源、绿色交通运输、绿色建筑等绿色产业。而在国家大力发展绿色产业和推广 PPP 的当下，绿色 PPP 项目无论是规模还是对社会经济的重要性而言都日益凸显。绿色 PPP 亟待绿色信贷的大力支持。

一、"赤道原则"在绿色信贷中的应用

所谓绿色信贷，是指银行业金融机构利用信贷手段促进节能减排的一系列政策、制度安排及实践。绿色信贷有三个方面的核心内容：一是利用科学合理的信贷政策和手段（包括贷款品种、期限、利率和额度等）支持绿色企业或者绿色项目；二是对违反节能环保法律法规、造成环境污染以及高耗能高污染的企业或者项目采取停贷、缓贷甚至收贷；三是贷款人（银行业金融机构）运用信贷手段引导借款人（企业）积极主动地开展节能减排、技术改造、绿色生产，并防止环境风险，履行社会责任。当前，绿色信贷在国际金融界已经成为一种共识和潮流。

（一）绿色信贷最著名最重要的是"赤道原则"

对绿色信贷而言，国际上最著名最重要的是"赤道原则"①，这也是目前全球流行的自愿性绿色信贷原则，是国际项目融资的一个新标准（该标准要求金融机构在向额度超过 1,000 万美元项目贷款时，需综合评估对环境和社会的影响，并利用金融杠杆手段促进项目与社会的和谐发展）。而那些采纳了"赤道原则"的银行又被称为"赤道银行"。具体来说，根据赤道原则，如果贷款企业不符合赤道原则中所提出的社会和环境标准，那么参与赤道原则的银行将拒绝为该企业或者项目提供融资。截至 2013 年，全球已经有 35 个国家 78 家金融机构采用"赤道原则"，几乎囊括世界主要金融机构，项目融资总额占全球项目融资市场总份额的 86% 以上。

（二）欧美发达国家商业银行采纳"赤道原则"情况

1. 2003 年 6 月，花旗银行、巴克莱银行、荷兰银行和西德意志银行等分属 7 个国家的 10 家国际领先银行宣布实行"赤道原则"。随后，汇丰银行、JP 摩根、渣打银行和美国银行等世界知名金融机构也纷纷接受"赤道原则"。目前，欧美发达国家许多大型商业银行普遍采纳"赤道原则"，不仅如此，这些商业银行还建立了与所在国经济和金融相适应的环境与社会风险管理体系。②

2. 2009 年 6 月出版的英国《银行家》杂志公布了 2009 年全球

---

① 2002 年，世界银行下属的国际金融公司和荷兰银行提出了一项企业贷款准则，这就是国际银行业赫赫有名的"赤道原则"。这项准则要求金融机构在向一个项目投资时，要对该项目可能对环境和社会的影响进行综合评估，并且利用金融杠杆促进该项目在环境保护以及周围社会和谐发展方面发挥积极作用。赤道原则的意义在于第一次将项目融资中模糊的环境和社会标准数量化、明确化、具体化。

② 统计显示，美国 62.5% 的银行在传统贷款程序的基础上加入了环境审核环节，而 45.2% 的银行曾经因为担心贷款项目未来可能出现环境问题而终止贷款。

前 1,000 家银行的排名（此次排名以各家银行 2008 年年终数据为基础，以核心资本指标为依据）。排名前 25 的银行中，共有 6 家未采纳赤道原则，其中 4 家为中国的国有商业银行（见表 4 - 1）。

表 4 - 1　　　　　　2009 年前 25 家银行采纳赤道原则情况

排名	银行名称	国家	是否采纳赤道原则
1	JP 摩根	美国	是
2	美国银行	美国	是
3	花旗银行	美国	是
4	苏格兰皇家银行	英国	是
5	汇丰控股有限公司	英国	是
6	富国银行	美国	是
7	三菱 UFJ 金融集团	日本	是
8	中国工商银行	中国	否
9	法国农业信贷集团	法国	否
10	西班牙国际银行	西班牙	是
11	中国银行	中国	否
12	中国建设银行	中国	否
13	高盛集团	美国	否
14	法国巴黎银行	法国	是
15	巴克莱银行	英国	是
16	瑞穗金融集团	日本	是
17	摩根士丹利	美国	是
18	意大利联合信贷银行	意大利	是
19	三井住友金融集团	日本	是
20	荷兰国际集团	荷兰	是
21	德意志银行	德国	是
22	荷兰合作银行集团	荷兰	是
23	法国兴业银行	法国	是
24	中国农业银行	中国	否
25	意大利联合圣保罗银行	意大利	是

资料来源：英国《银行家》杂志，2009 年。

3. 美英两国的两家大型银行应用"赤道原则"

（1）花旗银行。美国花旗银行是"赤道原则"的发起者之一，其采取全面绿色金融政策并制定了环境与社会风险管理体系，重点从信贷与声誉两个角度把控环境与社会风险，既树立了行业良好口碑，同时为世界上其他国家的银行在践行绿色金融以及规避自身经营风险方面树立了成功典范。

（2）巴克莱银行。从2003年6月起总部位于英国的巴克莱银行开始采纳"赤道原则"。巴克莱银行制定了涵盖所有融资条款和50多个行业的集社会和环境于一体的信贷指引。不仅如此，巴克莱银行还与联合国环境规划署合作向全球100多个金融机构提供信贷指引。巴克莱银行在绿色金融方面进行了成功的探索。

（三）我国商业银行采取"赤道原则"大势所趋

1. 我国银行践行"赤道原则"情况。以2006年与国际金融公司（IFC）联合在国内首创推出节能减排贷款为标志，兴业银行吹响了进军绿色金融的号角。2008年兴业银行正式公开承诺采纳赤道原则，成为全球第63家、中国首家"赤道银行"。研究显示，在我国银行业金融机构中，只有兴业银行一家在赤道原则的官方网站上显示为参与成员，这充分反映出我国的绿色信贷尚处于起步阶段，受世界主流金融机构推崇的"赤道原则"在我国商业银行中尚未普及。

2. 经过十多年的全球实践，"赤道原则"已经成为项目融资领域的国际惯例和行业标准，对不断发展壮大并志在拓展国际业务的我国银行来说，采纳"赤道原则"是必然的选择。

（1）我国对外投资流量居全球第二。商务部、国家统计局、国家外汇管理局发布的《2015年度中国对外直接投资统计公报》显示，2015年中国对外直接投资创下1,456.7亿美元的历史新高，占全球流量的份额由2002年的0.4%提升至9.9%，投资流量跃居全球第二。从统计上而言，这意味着从 2015 年起，中国正式成为资本对外输出国。我国已经成为对外投资大国，对外投资需要借助商业银行的力量，且采取"赤道原则"将实现我国商业银行与国际金融体制的"接轨"，占据更为有利的竞争地位，从而更好地支持我国企业的对外投资。

（2）增强我国商业银行在国际上的竞争力。近年来，一方面，伴随着我国企业"走出去"的步伐不断加快以及人民币国际化的快速推进，我国商业银行也加快国际化经营的步伐积极抢占国际业务；另一方面，新兴市场快速发展，资金需求量大[①]。不过，我国商业银行在拓展国际业务中时常因为企业社会责任问题受到相关质疑。如2010 年我国某商业银行在已经同意为埃塞俄比亚的吉贝三级大坝[②]项目提供约 4 亿美元贷款的情况下，一些环保组织认为这一项目将给当地生态环境造成影响，"吉贝三级大坝将会终止下游的自然洪水周期，并减少进入图尔卡纳湖（位于肯尼亚北部，与埃塞俄比亚边境相连，是肯尼亚北部居民生计的根本）的水流量。图尔卡纳湖是一个咸水湖，一旦来水减少，湖水盐分加大，将导致湖区生态环境崩溃"。分析认为，如果采取"赤道原则"，将会树立我国商业银行的良好国际形象，从而增强拓展国际业务的竞争力。

（3）增大获利空间。"赤道原则"是一套非强制的自愿性准则，用以决定、衡量以及管理社会及环境风险。一个显然的事实是采取"赤道原则"将促使商业银行更好地履行社会责任，为环境保护作出更大的贡献，肯定会提高商业银行的品牌影响力和美誉度。不过，商业银行作为独立的市场经营主体，其本身面临着资产规模增长、

---

① 根据《基础建设期刊》（*Infrastructure Journal*）的数据，2007 年，新兴市场中追踪的债务总额为 746 亿美元，其中 529 亿美元应用了赤道原则，占新兴市场经济体全部项目融资债务的 71%。

② 吉贝三级大坝位于埃塞俄比亚南部的奥莫河上，工程 2008 年开工，总投资 160 亿比尔（约合 17.5 亿美元），发电能力 1,870 兆瓦，共有十组发电机组。

股东投资回报、控制信贷风险等方面的巨大压力。采取"赤道原则"后对商业银行而言成本增加还是减少，盈利能力上升还是下降，获利空间是压缩还是增大，对此，我国商业银行存有较大的疑虑。

从欧美发达国家大型银行实践经验来看，商业银行采纳"赤道原则"的优点明显：一是提升了商业银行自身的品牌影响力和社会美誉度；二是积累了环境管理方面的经验，增强了业务竞争优势；三是赢得了更多的商业机会，产生了更大的经济效益。①如我国第一家采取"赤道原则"的兴业银行近十年来的绿色信贷余额达到3,000亿元，不良资产率0.2%，资金回报率20%以上。因此，为支持企业对外投资、抢占国际金融业务、持续推动绿色金融发展，我国银行应采纳"赤道原则"。

二、绿色信贷在我国的实践

研究发现，就目前我国绿色金融发展阶段而言，人们对"绿色金融"的关注点主要集中在企业，而企业寻求"绿色金融"支持的对象主要集中在银行业金融机构，尤其是银行信贷业务即"绿色信贷"。

相比于国际银行尤其是欧美国家大型商业银行，我国银行业金融机构在绿色信贷领域具有起步时间短、绿色信贷产品品种少等特点。不过，随着近年来我国进行经济转型和产业结构调整升级、大力进行环境治理、重点发展绿色产业，无论是经济环境、产业政策还是发展重点都发生了巨大的变化，绿色金融成为国家战略。在此背景下，国家开始大力建设绿色金融体系，加大对绿色经济、低碳

①　以日本瑞穗银行为例，其2008年度全球项目融资规模达53.28亿美元，其担任牵头行的项目融资规模排名全球第三，较2003年采纳赤道原则之初上升了15位。

经济、循环经济的支持力度，在短时期内取得了显著成果[①]，绿色信贷也获得了长足的进展。

党的十八届五中全会提出"创新、协调、绿色、开放、共享"五大发展理念，绿色发展是关系我国发展全局的一个重要理念，也是"十三五"乃至更长时期我国经济社会发展的一个基本理念。《中共中央　国务院关于加快推进生态文明建设的意见》要求推广绿色信贷，各个部委纷纷出台支持绿色发展的政策，构建绿色信贷制度框架，并已经初步形成政策合力。为鼓励和支持绿色信贷，我国相继出台了部分规章和政策意见，开始构建绿色信贷制度框架，且相关规章和政策在国际上都是开创之举。

2007 年 7 月，由原环保总局、中国人民银行和银监会共同发布《关于落实环保政策法规防范信贷风险的意见》（环发〔2007〕108号，以下简称《意见》），标志着我国绿色信贷政策的正式启动。《意见》主要内容为：各级环保部门要提供可纳入企业和个人信用信息基础数据库的企业环境违法、环保审批、环保认证、清洁生产审计、环保先进奖励等信息。各商业银行要将支持环保工作、控制对污染企业的信贷作为履行社会责任的重要内容；在向企业或个人发放贷款时，将企业环保守法情况作为审批贷款的必备条件之一。2007 年 11 月，银监会发布《节能减排授信工作指导意见》（银监发〔2007〕83 号），指出要大力发展绿色信贷，构建支持绿色信贷的政策体系。完善绿色信贷统计制度，加强绿色信贷实施情况监测评价。探索通过再贷款和建立专业化担保机制等措施支持绿色信贷发展。还指出，支持银行和其他金融机构在开展信贷资产质量压力测试时，

---

① 以绿色金融重要内容之一的绿色信贷为例，截至 2015 年底，我国银行业金融机构绿色信贷余额 8.08 万亿元，其中 21 家主要银行业金融机构绿色信贷余额达 7.01 万亿元，较年初增长 16.42%，占各项贷款余额的 9.68%。再以绿色金融另一重要内容绿色债券为例，从 2016 年初至 2016 年 9 月，我国境内绿色债券发行规模超过 1,100 亿元人民币，发行规模占同期全球绿色债券发行量的 36%。我国已经成为全球最大的绿色债券发行市场。

将环境和社会风险作为重要的影响因素，并在资产配置和内部定价中予以充分考虑。2012 年 2 月，银监会印发《绿色信贷指引》①（银监发〔2012〕4 号），对银行业金融机构有效开展绿色信贷，大力促进节能减排和环境保护提出了明确要求。《绿色信贷指引》要求银行业金融机构应当从战略高度推进绿色信贷，加大对绿色经济、低碳经济、循环经济的支持，防范环境和社会风险，提升自身的环境和社会表现，并以此优化信贷结构，提高服务水平，促进发展方式转变。2013 年，银监会印发《绿色信贷统计制度》，每半年组织国内 21 家主要银行业金融机构开展绿色信贷统计工作，主要内容有：涉及落后产能、环境、安全等重大风险企业信贷情况。2015 年 1 月，银监会、国家发改委印发《能效信贷指引》（银监发〔2015〕2 号），《能效信贷指引》分总则、服务领域及重点项目②、信贷方式与风险控制、金融创新与激励约束等，《能效信贷指引》要求银行业金融机构应积极探索能效信贷担保方式创新，以应收账款质押、履约保函、国际金融机构和国内担保公司的损失分担（或信用担保）、知识产权质押、股权质押等方式，有效缓解节能服务公司面临的有效担保不足、融资难的问题，同时确保风险可控。2016 年 8 月，人民银行等七部委发布的《指导意见》指出大力发展绿色信贷，构建支持绿色信贷的政策体系；完善绿色信贷统计制度，加强绿色信贷实施情况监测评价；推动银行业自律组织逐步建立银行绿色评价机制，通过

---

① 目前，我国已基本建立以《绿色信贷指引》为核心的绿色信贷制度框架，对银行业金融机构开展节能环保授信和绿色信贷的政策界限、管理方式、考核政策等做出明确规定，确保信贷资金投向低碳、循环、生态领域。

② 能效信贷业务的重点服务领域包括：（一）工业节能，主要涉及电力、煤炭、钢铁、有色金属、石油石化、化工、建材、造纸、纺织、印染、食品加工、照明等重点行业；（二）建筑节能，主要涉及既有和新建居住建筑、国家机关办公建筑和商业、服务业、教育、科研、文化、卫生等其他公共建筑，建筑集中供热、供冷系统节能设备及系统优化，可再生能源建筑应用等；（三）交通运输节能，主要涉及铁路运输、公路运输、水路运输、航空运输和城市交通等行业；（四）与节能项目、服务、技术和设备有关的其他重要领域。

银行绿色评价机制引导金融机构积极开展绿色金融业务，做好环境风险管理。

银监会率先建立全面的绿色信贷统计制度，主要统计四方面内容：一是银行涉及落后产能、环境、安全等重大风险企业信贷情况；二是银行开展绿色信贷情况；三是绿色信贷的资产质量情况；四是在国际上率先系统性测算贷款支持的节能环保项目所形成的年节能减排能力。

银监会还率先实施综合考核评价。2012 年 6 月，银监会印发《银行业金融机构绩效考评监管指引》（银监发〔2012〕34 号）规定银行业金融机构绩效考评指标包括五大类：合规经营类指标、风险管理类指标、经营效益类指标、发展转型类指标、社会责任类指标。2014 年 6 月，银监会印发《绿色信贷实施情况关键评价指标》（银监办发〔2014〕186 号），组织 21 家主要银行业金融机构开展绿色信贷实施情况自评价工作。

此外，2011 年 6 月，由环保部政研中心联合中国银监会、中国钢铁工业协会、商道纵横等机构共同完成的我国首个涉及钢铁行业信贷的指南《中国钢铁行业绿色信贷指南》① 发布，《指南》从政策和环境风险的角度，就产业政策符合性、环评审批情况、项目所在地环境敏感程度、企业及项目技术先进性、遵守环保法律法规情况、企业环境管理情况、企业环境绩效等方面进行评分，并根据得分对绿色信贷的等级分为三级：优先贷款（90 分以上）、可以贷款（60~90 分）、拒绝贷款（60 分以下），进而帮助银行开展信贷评估、审批和跟踪工作。

国家和地方"绿色信贷"政策出台后，效果很快显现，部分环

---

① 《指南》旨在通过为银行业制定钢铁行业的绿色信贷指南，促进环保部门、银行监管部门和商业银行之间的协作和沟通，为推动绿色信贷政策在地方的顺利实施提供可借鉴的方法，以达到运用金融手段在高污染、高耗能行业中推动节能减排的目的。

境违规企业遭遇到银行信贷的限制①。而从我国绿色金融发展情况来看，未来绿色信贷仍将是绿色金融的主体。未来银监会将进一步完善支持绿色信贷的政策体系，加快推进银行绿色评价机制的建立，支持和引导银行等金融机构建立符合绿色企业和项目特点的信贷管理制度，助力我国节能环保、清洁能源、绿色交通运输、绿色建筑等绿色产业的发展。

三、我国绿色信贷发展现状及存在的问题

近几年来，绿色信贷在我国进入全面发展阶段。为支持我国节能环保、清洁能源、绿色交通运输、绿色建筑等领域的项目建设和运营，我国银行业金融机构在有效控制风险和商业可持续的前提下，大力发展绿色信贷，积极探索绿色信贷产品和服务创新，我国绿色信贷呈现贷款余额规模大、增速快且环境效益②明显的特点。

（一）绿色贷款余额规模大，环境效益明显

按照银监会统计，截至 2013 年末中国主要银行业金融机构绿色信贷项目贷款余额 5.2 万亿元，占各项贷款余额的 8.7%。从节能减

---

① 2007 年 7 月，中国银监会向各商业银行转发了 38 家违法企业名单以及流域限批的地方及相关企业名单，其中有 12 家企业在申请贷款时受到金融机构的限制。此外，部分地区政府也推动了"绿色信贷"，2007 年，江苏江阴否决污染严重企业贷款申请 10 多亿元并收回已向这些企业发放的贷款 2 亿多元。浙江湖州对该市重点污染企业排查后最终 35 家企业因环保不达标退出贷款 2 亿余元。广东省银行系统（除深圳以外）根据环保系统提供的信息向七家企业限制贷款 4 亿元。深圳对污染企业和金融机构"双约束"，当地金融机构对 5 家环保违法企业停止 1 亿多元的贷款申请，金融监管机构对向环保违法企业发放贷款的两家银行进行了处罚。

② 环境效益是指在工业生产过程中，在企业占用和耗费一定的自然资源的条件下，由于污染物的排放或环境治理等行为而引起环境系统结构和功能上的相应变化，从而对人的生活和生产环境造成影响的效应。如果占用和耗费同样的自然资源，能维护生态平衡，使企业及周边居民的生产和生活环境不致恶化或得到改善，其环境效益就好；如果占用和耗费同样的自然资源，对环境及生态平衡起破坏作用，使人的生活和生产环境恶化，其环境效益就差。

排效果看，绿色信贷支持的项目预计每年可节约标准煤 18,671 万吨、节水 43,807 万吨、减排二氧化碳 47,902 万吨。

根据中国银行业协会发布的《2015 年度中国银行业社会责任报告》显示，截至 2015 年底，我国银行业金融机构绿色信贷余额 8.08 万亿元（贷款所支持项目预计可节约标准煤 2.21 亿吨，节约水 7.56 亿吨，减排二氧化碳当量 5.50 亿吨、二氧化硫 484.96 万吨、化学需氧量 355.23 万吨、氮氧化物 227.00 万吨、氨氮 38.43 万吨）。其中，21 家主要银行业金融机构绿色信贷余额达 7.01 万亿元，较年初增长 16.42%，占各项贷款余额的 9.68%。

2016 年 6 月末，国内 21 家主要银行业金融机构的绿色信贷余额达到 7.26 万亿元，占各项贷款的 9.0%。节能环保项目及服务贷款余额为 5.57 万亿元。从节能环保项目及服务贷款分项目来看，绿色交通运输项目贷款余额为 26,542.7 亿元，占同期全部节能环保项目及服务贷款的 47.6%，占比最大（需要着重指出的是，交通运输项目在我国当下热推的 PPP 领域中也是占有极为重要的地位，是推广 PPP 模式的重要领域。截至 2016 年 4 月交通运输 PPP 项目投资额达到 4.5 万亿元，占据各大行业之首。财政部等部门公布的第三批 PPP 示范项目，交通运输类项目数量占比 12%，投资总额占比达 43%。而绿色交通运输项目贷款余额占全部节能环保项目及服务贷款的比例也超过 40%）。节能环保项目和服务贷款环境效益显著。按其贷款支持资金比例，预计年可节约标准煤 1.87 亿吨；减排二氧化碳当量 4.35 亿吨，相当于北京 7 万辆出租车停驶 298 年或相当于三峡水电站发电 7.4 年形成的二氧化碳减排当量；减排化学需氧量 397.73 万吨、氨氮 43.45 万吨、二氧化硫 399.65 万吨、氮氧化物 200.60 万吨，节水 6.23 亿吨。

（二）绿色贷款余额增速快

近年来，我国绿色信贷余额增速持续高于各项贷款余额增速。

在增速方面，2013 年绿色信贷余额增速 8.7%，2014 年增速达到 9.3%，2015 年增速接近两位数达到 9.7%。不仅如此，未来这一增速趋势还将保持。

（三）银行业金融机构积极开展绿色信贷

1. 兴业银行在我国绿色信贷领域的开拓。作为国内绿色金融的开拓者和领头羊，兴业银行早在 2006 年就与国际金融公司（IFC）联合在国内首创推出节能减排贷款，这标志着兴业银行正式进军绿色金融领域；2007 年，兴业银行签署联合国环境规划署《金融机构关于环境和可持续发展的声明》；2008 年，兴业银行公开承诺采纳"赤道原则"，从而成为全球第 63 家、中国首家"赤道银行"；2009 年，兴业银行在北京成立可持续金融业务专营机构即可持续金融中心。多年来，兴业银行先后创新了能源合同管理、碳排放交易、排污权交易等融资产品，并率先在国内推出"绿金融全攻略"，构建起覆盖绿色产业链上下游的金融产品体系。而在体制机制方面，兴业银行总行还设立环境金融部，在全国 33 个一级分行设立了环境金融中心，并在二级分行配置专职的绿色金融产品经理。公开资料显示，截至 2016 年 6 月末，兴业银行累计投放绿色金融融资超过 9,000 亿元，覆盖 6,000 多个节能环保企业和项目。兴业银行所支持的绿色金融项目环境效益显著，预计可年节约标准煤 2,500 多万吨，年减排二氧化碳超过 7,000 万吨，年减排二氧化硫 10 万吨，年减排化学需氧量近 140 万吨，年节水近 29,000 万吨。上述节能减排量相当于 700 多万公顷森林每年所吸收的二氧化碳总量。

2. 中国工商银行在 2007 年 9 月率先出台《关于推进"绿色信贷"建设的意见》，提出了环保一票否决制，该制度的内容主要是对违反或者不符合国家环保政策的项目进行信贷制约，对有利于环境保护的企业和项目，提供信贷支持并实施一系列适合的优惠政策。

工商银行还对法人客户进行了"环保信息标识"，初步形成了客户环保风险数据库。目前，我国的工商银行、农业银行、中国银行、建设银行等国有商业银行均将节能环保的要求引入到信贷准入标准（本书相关章节会有各大商业银行在绿色信贷方面的成功经验介绍），各大银行在绿色信贷发展上进行了大胆的探索和成功的实践，为我国建立绿色金融体系、助推我国绿色产业的发展作出了重要贡献。

3. 2013 年 11 月 4 日，工商银行、农业银行、中国银行、建设银行、交通银行、兴业银行等 29 家银行业金融机构签署了绿色信贷共同承诺。一年后的 2014 年 11 月 4 日，由 29 家主要银行组成的中国银行业绿色信贷专业委员会正式宣告成立，该委员会的成立是我国绿色金融不断发展壮大、逐步走向成熟的重要标志。2015 年 4 月 22 日，中国金融学会宣布成立绿色金融专业委员会。绿色金融专业委员会主要以组织专题小组形式展开工作。公开资料显示，绿色金融专业委员会目前有 85 家会员单位，其管理的金融资产达 108 万亿元，约占中国金融业总资产的 65%。

（四）我国绿色信贷仍存不少问题

我国绿色信贷虽然在各类绿色金融工具中走在前列，但也存在不少亟待解决的现实问题。

1. 从银行内部因素分析

部分商业银行开展绿色信贷较好，但就全银行业范围来看问题不少。

（1）银行对绿色信贷认识不够，对于推行绿色信贷，部分银行将其看成政策性或者公益性的活动，并没有将之上升到推动我国经济转型和产业结构调整升级、推进我国绿色产业发展的高度，在年报以及公报中重点阐述绿色信贷、支持绿色产业的银行并不多。

（2）由于我国绿色信贷起步较晚，推出的时间不长，银行关于绿色信贷的内部机制不够完善，还没有建立起规范、系统的组织机构、流程和制度，缺乏绿色信贷的专业人才尤其是缺乏对国家经济政策、产业政策、环保政策、环境知识、环保监管体系以及专业环境风险控制等方面的人才，银行对开展绿色信贷专业能力不足，绿色信贷总体收益偏低。

2. 从银行外部环境分析

（1）我国在环境保护方面的立法有所欠缺

现实情况是，国内部分污染企业受单纯经济利益驱使，并没有完全也非自愿承担其带来的环境污染成本，导致"偷排、漏排"事件时有发生，造成严重的环境污染事件，更严重的是破坏了整个企业界积极治理环境污染的生态，这与缺乏企业节能环保的激励制度密切关系。作为金融市场的竞争主体，银行也面临着股东考核、自身生存发展的重要使命，出于自身利益和风险控制的多重因素考虑，银行不愿意承受贷款企业因节能环保原因而无力偿贷的重大风险。从这个角度讲，目前银行缺乏大力推行绿色信贷的强劲动力。

（2）缺乏支持银行开展绿色信贷的激励性机制

目前，我国在推进绿色信贷的过程中，还缺乏针对银行业金融机构的有效激励机制。以国内某地推进绿色信贷情况为例，虽然当地政府非常重视绿色发展，还推出了针对重点单位重点岗位的节能减排工作责任制和问责制等，但对银行支持节能环保可能出现的信贷风险并没有相应的补偿政策，也没有针对银行开展绿色信贷的财政鼓励政策，这束缚了银行开展绿色信贷的积极性，使得银行在绿色信贷方面"胆子不敢太大，步子不敢太快"。

不仅如此，由于缺乏激励、考核等相关机制，银行绿色信贷产品创新动力不足。在建立绿色金融体系、打造"低碳银行"和"绿色银行"的过程中，绿色信贷相关产品创新不够，在这一点上与发达国家银行尤其是践行"赤道原则"的国外大型商业银行存在不小的差距。以目前我国商业银行开展较多的碳金融①业务为例，其不足之处主要表现在碳金融业务单一且主要集中在附加值低的环节。

（3）标准模糊导致银行绿色信贷推广难

虽然我国出台了一系列有关绿色信贷的政策，但在具体执行过程中，一种较为常见的现象是一些绿色项目在这家银行受限制，但在另一家银行却可以贷到款。究其原因，主要是我国绿色信贷没有统一清晰的标准，主要依靠各家银行内部控制，而基于开展绿色信贷时间和程度等方面的原因，各商业银行对绿色信贷的理解并不一致，多数商业银行都是按照自身理解来制定本行的绿色信贷政策、制度流程和信贷产品，从而给企业借助绿色金融工具融资和商业银行具体执行造成很大的困难，也制约了绿色信贷的推广。

3. 企业对环保信息披露欠缺，环保部门和银行绿色信贷信息沟通不够

近年来，尽管我国环保部门、银行业监管部门等对企业环保信息披露的政策相继出台，企业环保信息披露也取得了实质性的成果，对金融机构提供贷款、支持我国环保事业起到了重要的作用。不过，企业环保信息披露机制仍存在诸多不完善的地方，比如信息披露缺乏强制性、信息披露的部门联动机制和审核程序没有完全建立、信息披露形式和内容不规范等。这导致商业银行得到的信息数据库不能完全反映污染企业环保违法记录，银行审核成本过高，同时也增加了银行的顾虑和担忧。

此外，按照原国家环保总局《关于规范向中国人民银行征信系统提供企业环境违法信息工作的通知》（环办〔2008〕33 号）和环

---

① 碳金融是指服务于旨在减少温室气体排放的各种金融制度安排和金融交易活动，主要包括碳排放权及其衍生品的交易和投资、低碳项目开发的投融资以及其他相关的金融中介活动。碳金融是把碳排放当做一个有价格的商品，可以进行现货、期货等的买卖。

境保护部《关于全面落实绿色信贷政策 进一步完善信息共享工作的通知》（环办〔2009〕77 号）等政策精神，各地环境保护部门对企业环境信息有明确的职责分工。实践中，仍然存在部分地方环保部门发布的企业环境违法信息针对性不强、时效性不够，存在滞后和遗漏的情况，不能满足商业银行对企业信贷申请的需要，从而影响了国家绿色信贷政策的真正落地。

四、绿色信贷的重点与创新

银行业金融机构在服务实体经济的同时，还在传导国家金融政策、产业政策、环保政策等方面发挥着政策"导体"的作用，是现代经济的核心。

为了促进我国绿色经济的发展，需要积极的绿色金融创新。就绿色金融体系中重要的金融工具绿色信贷而言，可以从以下几方面开展重点工作及创新。

（一）完善绿色信贷法律体系，优化绿色信贷法制环境

相比绿色债券、绿色基金、绿色保险等金融工具来说，我国在绿色信贷方面的法律法规政策建设得比较早，内容也较为丰富。但总的来说，我国尚未建立起完善的绿色信贷法律保障体系，与发达国家相比仍然存在不少空白，对绿色金融主体（银行、企业等）有效开展绿色金融活动不利。此外，我国环保立法亦有所欠缺，缺乏针对污染企业的激励约束机制，导致污染企业"收益高，成本低"等。通过立法规范和引导银行业金融机构的信贷行为，如修订《商业银行法》《贷款通则》《金融违法行为处罚办法》等金融法律法规，促进银行深入推进绿色信贷。

（二）建立绿色信贷奖惩机制和政策激励机制

有效的激励机制是绿色信贷政策落地并产生作用的前提和保障，它能使银行和企业通过"绿色信贷"真正得到实惠和好处，双方既能尽到节能环保的社会责任，自身又能获得较大的经济收益，实现社会效益和经济效益的"双丰收"。

1. 建议国家监管机构成立专门的考核评价部门，通过建立完善的绿色信贷考核机制，监督商业银行的绿色信贷，并对其进行定期和不定期考核评价。要定期评估银行的绿色信贷执行情况，将银行绿色信贷排名作为重要的业绩考察指标。具体来说，对于积极开展绿色信贷产品研发和支持我国绿色产业发展、绿色项目贷款额比例较高的银行给予奖励，如 2012 年 2 月，银监会发布《关于印发绿色信贷指引的通知》（银监发〔2012〕4 号），银行业金融机构应当建立有效的绿色信贷考核评价体系和奖惩机制，落实激励约束措施，确保绿色信贷持续有效开展。相反，如果商业银行将大量贷款投放给违反环保法律法规、不按规定披露环保信息、造成严重环境污染的企业，考核评价部门则给予批评和处罚。

专家还建议，应加快建立我国银行绿色评级制度，在工作重点和先后顺序上，首先对主要银行开展绿色信贷评级，其次在前期积累经验后再逐渐将评级范围扩大至一般的中小商业银行，最后形成我国整个银行体系的绿色评级制度。尤其需要强调的是，在信用评级中应该引入环境影响因素，这已成为世界的趋势。如国际评级机构标准普尔在公司信用评级方面提出在评级过程中需有环境、社会与治理（ESG）考量。在具体操作中，有关环境的要求都会被写入贷款合同，每个贷款项目的评估都需经过评估流程，即使是贷款获批后在执行或者建设过程中也必须遵循环境方面的政策。

2. 我国缺乏银行业金融机构开展绿色信贷的优惠政策支持，从而导致银行开展绿色信贷动力不足。

为了提高银行业金融机构推进绿色信贷的积极性和促进绿色发展的资金保障能力，建议采取如下措施：一是采取优惠的财政政策，合理分散银行对节能环保 PPP 项目提供融资支持而可能出现的信贷风险；二是根据国家产业政策和环保产业发展要求，制定信贷环境风险评级标准，对执行"绿色信贷"成效显著的商业银行给予其再贷款、抵押补充贷款和贷款风险权重等方面的扶持政策；三是地方政府建立绿色信贷担保制度，主要是通过财政资金担保杠杆放大商业银行绿色信贷的规模，吸引更多的企业投入到我国的绿色产业发展中，实现我国的经济结构转型和产业结构调整；四是允许银行业金融机构发行绿色债券，为企业绿色贷款提供较长期限和较低成本的资金来源。

此外，绿色信贷支持的对象是企业尤其是专注节能环保、扎根绿色产业的企业。因此，国家需要加强金融政策与产业政策的协调配合，并出台优惠政策，对一些推广有困难、环境效益明显的节能环保项目或产业采取低税或者免税政策，在污染减排资金安排上给予优先支持，而对那些"两高"和环境违法企业则在资金上严格控制，从而充分调动企业"绿色发展"的积极性。

（三）出台节能环保指导性政策，引导企业重视节能环保

各级环保部门向银行业金融机构提供企业环境违法、环保审批、环保认证、清洁生产审计、环保先进奖励等信息，对银行业金融机构开展绿色信贷十分重要。《国务院关于加快发展节能环保产业的意见》（国发〔2013〕30号），从多方面进行了要求：一是完善节能环保法律法规，严格节能环保执法；二是强化目标责任，实行环境问

责制①，将节能环保考核结果作为领导干部综合考核评价的重要内容；三是加大中央预算内投资和中央财政节能减排专项资金对节能环保产业的投入，继续安排国有资本经营预算支出支持重点企业实施节能环保项目，等等。

（四）建立环保部门与银行业金融机构的沟通机制

政府、银行要加大对企业的监督指导，引导企业考虑更为长远的利益，以金融手段促使企业把节能环保、环境社会责任和良好社会声誉等作为其持续稳定发展的重要动力。在具体的操作上，要进一步完善环保部门与银行业金融机构的信息沟通和共享机制。

2007 年 7 月，由原国家环保总局、人民银行、银监会联合发布的《关于落实环保政策法规防范信贷风险的意见》（环发〔2007〕108 号）从三个方面对绿色信贷在操作层面进行了规定，核心内容为：一是在法律法规上，明确要求金融机构和环保部门依照环保法律法规的要求，严格新建项目的环境监管和信贷管理；二是在操作形式上，区别对待、有保有压，严格贷款审批、发放和监督管理，对未通过环评审批或者环保设施验收的项目，不得新增任何形式的授信支持；三是信息获得，明确规定各级环保部门与金融机构要密切配合，建立信息沟通机制。中国人民银行及各分支行要引导和督促商业银行认真落实国家产业政策和环保政策，将环保信息纳入企业和个人信用信息基础数据库，防范可能的信贷风险。各级金融机构在审查企业流动资金贷款申请时，应根据环保部门提供的相关信息，加强授信管理，对有环境违法行为的企业应采取措施，严格控制贷款，防范信贷风险。

2008 年 3 月，原国家环保总局下发《关于规范向中国人民银行

---

① 自 2016 年 7 月起，第一批中央环保督察组进驻宁夏、内蒙古等 8 省区，开始对各省区环保现状进行大督察。根据中央环境保护督察组的反馈情况，八省区已有 3,422 人被问责。

征信系统提供企业环境违法信息工作的通知》（环办〔2008〕33号），该通知指出，国家环保总局、人民银行以及银监会联合印发关于加强环保和信贷管理工作的协调配合、强化环境监督管理、严格信贷环保要求的文件后，环保部门向金融部门提供了大量环境执法信息，但一些环保部门所提供的内容较为零散，人民银行征信系统无法及时统一录入，影响了执法信息的使用效果。2009年6月，环境保护部下发《关于全面落实绿色信贷政策 进一步完善信息共享工作的通知》（环办〔2009〕77号），该通知指出，建立通畅的信息共享机制是绿色信贷政策有效实施的关键。通过建立绿色信贷信息交流和沟通机制，提高环境管理水平，防范信贷风险，以严格信贷管理支持环境保护，加大对企业环境违法行为的经济制约和监督力度。2013年8月，北京市环境保护局、中国人民银行营业管理部、中国银行业监督管理委员会北京监管局联合发布《关于将企业环境违法信息纳入中国人民银行企业信用信息基础数据库的通知》（京环发〔2013〕146号），该通知指出，环境保护行政主管部门要做好企业环保违法信息的收集、登记、报出工作，确保数据准确、上报及时；建立绿色信贷环保违法信息特报制度；中国人民银行营业管理部将企业环境违法信息上报企业信用信息基础数据库；金融管理部门要监督银行业金融机构落实"绿色信贷"环境政策，防范信贷风险；辖内银行业金融机构在授信业务中要加强对企业环境违法信息和环保奖惩信息的查询与运用等。

（五）加强银行绿色信贷基础管理

"绿色"已成为我国的发展理念之一，绿色化已成为时代发展的大趋势。作为我国金融体系的主体，银行尤其是大型商业银行支持我国绿色发展战略和绿色金融义不容辞。分析认为，加强基础管理、加强自身绿色信贷能力是促进银行"绿色信贷"业务持续健康发展的重要保障。

1. 银行业金融机构要不断完善自身绿色信贷组织架构以及相关制度，在防范环境和社会风险的前提下加大对绿色产业的绿色信贷投放。银行重点是要将环境和社会风险评价嵌入整个信贷业务的全流程，既保障银行资金更多地流向绿色企业和绿色项目，又保障银行自身的信贷安全。

近年来，在监管部门的积极倡导下，我国银行业金融机构探索和创新绿色信贷产品和服务，相继制定并实施了"环保一票否决制"、"节能减排专项贷款"、"清洁发展机制顾问业务"、"排污权抵押贷款"等金融产品和服务。当下，我国银行应学习借鉴国外先进的绿色信贷产品以及风险防范措施，同时结合我国实际情况进行产品创新，推出相关绿色金融产品和服务。建议提供多样化的优惠绿色贷款，比如清洁能源贷款、环保设备贷款、绿色建筑贷款、新能源汽车贷款等。以绿色产业领域的轨道交通为例，其建设周期长达四五年甚至更久，为了更好地支持绿色项目，减轻绿色项目投资者的风险，应该适当放宽绿色贷款的期限。

2. 采取"拿来主义"，借鉴国外发达国家在绿色信贷方面的先进经验、国外大型银行判断企业或者项目"绿色"属性的通行标准。目前，世界主要大型商业银行都采纳"赤道原则"，为所在国的绿色产业发展和绿色金融体系建设作出了重要贡献。"他山之石，可以攻玉"，应充分借鉴"赤道原则"等国际上成熟的经验，制定适合我国国情的"绿色信贷"指南，重点引导银行业金融机构投资绿色项目、绿色产业，促进我国绿色经济的发展。2007 年 11 月，银监会发布《节能减排授信工作指导意见》（银监发〔2007〕83 号）吸收"赤道原则"的部分理念。

3. 建立银行绿色信贷方面的人才储备培养机制。由于我国绿色信贷起步时间较晚，一个现实的情况是，目前我国银行业金融机构十分缺乏具备金融、法律、财务、管理以及环境工程等专业知识的复合型人才，从而制约了银行开展绿色信贷业务。对此，我国应围绕"绿色信贷"组织开展专题研讨会、培训会，提高银行高级管理人员、客户经理的"绿色信贷"专业技能，为未来银行快速开展绿色信贷业务奠定强大的人才基础。

五、绿色银行与 PPP 模式高度契合

绿色信贷主要与银行业金融机构有关。提到绿色金融和银行，就需重点阐述"绿色银行"。所谓绿色银行，是指投资于节能环保、清洁能源、低碳基础设施等绿色行业的专业银行。

"绿色金融"的发展历史可以追溯到 20 世纪 70 年代。1974年，当时的联邦德国成立了世界上第一家政策性环保银行并命名"生态银行"，专门负责为一般银行不愿接受的环境项目提供优惠贷款。从全球范围看，目前国际上已设立的绿色银行主要包括英国绿色投资银行、澳大利亚清洁能源金融公司以及美国康涅狄格州绿色银行等。

(一) 英国绿色银行与 PPP 宗旨具有高度的契合性

为鼓励更多社会资本投资于绿色环保项目，2012 年 10 月，英国政府投资成立了全球首家"绿色投资银行"。英国绿色投资银行的宗旨是引进和鼓励更多私有资本投入到绿色经济领域，从而促进英国的经济转型。

研究发现，英国绿色银行引进私人资本与 PPP 模式下引进社会资本"不谋而合"，二者具有高度的契合性。

1. 和绿色银行一样，PPP 模式的鼻祖同样是英国，PPP 即公私合营模式，是指政府与私人组织之间为了合作建设城市基础设施项

目或是为了提供某种公共物品和服务，以特许经营权协议为基础，彼此之间形成一种伙伴式的合作关系。随着时代的变迁和社会的发展，PPP 目前主要指"政府与社会资本合作"，其中社会资本有五大类：国企、外资、民企、混合所有制企业和其他投融资主体。

2. 英国绿色银行引进私人资本投入绿色经济领域，目的是促进英国经济转型。而 PPP 模式下，通过引进节能环保、清洁能源、绿色交通运输等社会资本投入绿色 PPP 项目，也是为了促进本国绿色经济的发展。

（二）美国绿色银行体现了 PPP 思路

绿色金融发展较快的美国已经成立了 4 家地方性绿色银行，这 4 家绿色银行特点明显：一是都致力于推动公共资本与私人资本的紧密合作；二是其目标均为短期内为能源市场提供充足资金，最终转变为实现私人市场自我维持；三是都追求提高能源市场短期和长期的资金供给。以美国首家州立绿色银行康涅狄格州绿色银行为例，2011 年，康涅狄格州政府成立了美国首家州立绿色银行，该银行资金来源为系统效益收费、区域温室气体减排行动收益等。该银行具有准公共机构的地位，所有者为州立政府，按照公共授权建立，并以市场方式开展相关业务。该绿色银行成立以来，保持了良好的盈利性：2012 年、2013 年、2014 年分别实现净利润 800 多万美元、1,700 多万美元和近 1,700 万美元。其清洁能源项目已经直接和间接创造就业机会 1,000 多个，并帮助减少碳排放 37 万吨。

（三）国际绿色银行成功经验

1. 绿色银行由政府发起成立。国外绿色银行多数是政府部门根据本国具体的气候变化和绿色经济政策而发起设立，且初始资本金主要来自政府（保证政府对绿色银行的绝对控制，确保绿色银行专注"绿色项目"），之后再撬动社会资本。如英国绿色投资银行是由英国政府作为唯一股东出资 38 亿英镑设立。

2. 运营管理独立。国外绿色银行虽然主要由政府出资发起，受政府监管，但在运营上仍然非常独立，具有较大的自主权，从而保障绿色银行以市场化方式开展市场竞争，在确保所投资项目"环保性"的前提下实现项目的"盈利性"。再以英国绿色投资银行为例，该绿色银行主要投资于英国国内的绿色基础设施项目，且获得了符合市场要求的商业回报：2013—2014 年，回报率超过 8%。①又如世界上另一家绿色银行澳大利亚清洁能源金融公司，在向再生能源项目提供 35 亿澳元后，目前基本收回投资。

3. 稳定的政策环境。稳定的政策环境是绿色银行发展的保障，否则会增加绿色银行运营风险，影响社会资本、投资者投资绿色银行的积极性。

（四）我国的绿色银行实践

近年来，我国银行业金融机构在建立绿色银行的道路上进行了有益的探索和实践。例如，2008 年兴业银行正式公开承诺采纳赤道原则，成为全球第 63 家、中国首家"赤道银行"；早在 2007 年中国工商银行就在国内率先提出了"绿色信贷"建设的理念，2014 年，中国工商银行签署《关于环境和可持续发展的声明书》并加入联合国环境规划署金融行动机构（简称 UNPE FI），成为该组织的正式会员，中国工商银行成为 UNPE FI 正式会员有助于中国金融机构参与可持续金融领域国际规则的制定，深入推进绿色银行建设；截至 2015 年末，建行绿色信贷贷款余额 7，335.63 亿元，较 2014 年新增

---

① 2013 年至 2014 年，英国绿色投资银行为 18 个新的绿色项目提供了金融支持 61 亿英镑，其中包括 9 个节能项目、6 个垃圾和生物能源项目以及 3 个海上风力发电项目。

2,464.86 亿元，增幅达 50.61%，绿色贷款增速远高于该行对公贷款平均水平。

（五）发展我国绿色银行的建议

近年来，我国绿色产业发展迅速。多方因素之下，社会资本需要金融机构的绿色金融支持，而绿色信贷成为当下银行业金融机构支持社会资本的重要手段之一。

1. 我国绿色经济转型正处于起步阶段，应该借鉴英国绿色投资银行的经验，比如虽然是政府全资投资却独立于政府的市场化运作机制、成功撬动社会资本①、精细化的风险管理、精准高效地投资绿色基建项目②等，这些都对我国建立一整套绿色投融资体系和推动绿色 PPP 项目的落地十分重要。

2. 由我国政府作为发起人之一组建一家专业从事绿色投资的银行（这样可以为引进广大社会资本增信），绿色银行资本金部分来自政府（财政部门或其他公共部门拨款成立），同时吸引包括社保基金、保险公司和具有长期投资意愿的其他机构等社会资本。绿色银行还可以通过发债（绿色银行的主要资金来源之一是发行中长期绿色免税债券）、担保等方式高倍数撬动社会资金。总之，要最大化发挥社会效益和经济效益，以提高社会资本参与绿色银行的积极性，也有利于绿色银行的可持续发展。

3. 绿色银行的投资领域应该主要包括节能环保、新能源和绿色交通运输项目等，为政府重点支持的绿色产业发展提供资金支持，

---

① 《英国绿色投资银行》2012—2013 年年报指出，该年度直接投资 6.35 亿英镑，社会第三方投资共 16.3 亿英镑，撬动比例为 1:3，个别项目撬动比例更是高达 1:9。

② 英国绿色投资银行所有投资都必须遵循"绿色"和"盈利"的双重原则。目前，英国绿色投资银行在英国的三大优先投资领域是海上风力发电、能效融资和生物质能，这些都是具有潜在的投资回报率的领域。英国绿色投资银行预测其所有投资的平均投资回报率大约在 10%，基本能满足大部分机构投资者的投资回报率需求。

促进我国经济转型和产业结构调整升级。

4. 绿色银行的业务方面，除绿色贷款之外，还可以进行股权投资和担保等其他业务，以扩大绿色银行的业务范围和盈利渠道。

5. 给予绿色银行一定的财政税收优惠。目前，我国由于缺乏银行业金融机构开展绿色信贷的优惠政策支持，导致银行缺乏推行绿色信贷的动力。政府部门应加大对绿色银行的扶持力度，在财政税收等方面给予绿色银行优惠政策，提高各方参与主体的积极性。

6. 绿色银行在我国还是新生事物，需要培养和引进项目评估、风险控制、环境成本测算等方面的优秀专业人才队伍，尤其是建立具有环境、管理、金融背景的复合型人才队伍。以上述美国康涅狄格州绿色银行为例，其一部分员工有环境和新能源投资领域的经验，另一部分具有环境和工商管理的复合学术背景，能够对清洁能源产品和融资有深刻理解。

六、绿色信贷支持绿色 PPP 的困难及解决之道

在支持绿色 PPP 方面，目前我国绿色信贷还存在不小的困难，需要出台积极的办法。

（一）绿色信贷支持绿色 PPP 的现实困难

1. 绿色 PPP 项目利润率不高

PPP 项目多为社会公益类项目，因此，这种性质决定了 PPP 项目突出的特点是"盈利不暴利"。对社会资本而言，既要实现合理回报，又要避免暴利。事实上，社会资本企望暴利也是不现实：一是基础设施和公共事业项目并不属于暴利性行业，二是暴利不具有持续性，否则不仅社会公众无法承担，作为监管者的政府也不会允许。

基于绿色 PPP 项目利润率不高的特点，银行的风险会相对较大，尤其是纯公益类绿色 PPP 项目（如环境治理领域的河道治理）和准公益类绿色 PPP 项目（如市政污水处理、垃圾处理），一旦政府财政下滑无法给予项目完全付费或者可行性缺口补贴①，银行的风险会陡然增大。

2. 绿色 PPP 项目流程长，时间成本高

PPP 项目涉及的流程多，一个完整的 PPP 项目流程可以分为项目的识别、准备、采购、执行、移交五个环节，涉及 19 个步骤，可以说，整个流程比较复杂，企业花费的时间成本较高。② 尤其对一些如污水处理、垃圾焚烧处理类的环保类 PPP 项目而言，还存在"邻避效应"，风险较大，金融机构对此类绿色 PPP 项目相当谨慎。

3. 银行支持绿色 PPP 项目存在期限错配

需要着重指出的是，PPP 项目贷款期限与商业银行的平均存贷款期限具有很大的不一致：通常情况下，一个 PPP 项目的特许经营期限长达 30 年，最少也有 10 年。③ 与之相应的是，商业银行主要是以中短期贷款为主，一般为 3～5 年，很少有贷款期限长达 30 年。因此，商业银行支持绿色 PPP 项目存在着期限错配的问题。也就是说，在国家宏观环境、经济基本形势、银根政策均不变且社会资本将建设和运营风险降到最低的情况下，商业银行尚可用不断的短期

① 可行性缺口补贴是指使用者付费不足以满足社会资本或者项目公司成本回收和合理回报，而由政府以财政补贴、股本投入等优惠政策的形式，给予社会资本或项目公司的经济补助。

② 通常情况下，一个 PPP 项目从开始立项到准备需要 6 个月或者一年时间。截至 2016 年 6 月 30 日，财政部两批示范项目 232 个，其中执行阶段项目 105 个。基于已录入的项目信息，对 53 个示范项目分析表明，平均落地周期为 13.5 个月。

③ 财政部《关于进一步做好政府和社会资本合作项目示范工作的通知》（财金〔2015〕57 号）规定，政府和社会资本合作期限原则上不低于 10 年。财政部《关于印发政府和社会资本合作模式操作指南（试行）的通知》（财金〔2014〕113 号）指出，运用 BOT、TOT、ROT 模式的政府和社会资本合作项目的合同期限一般为 20～30 年。

流量资金来填补长期的投入（实践中有商业银行贷款给 PPP 项目超过 20 年），一旦前述几个条件发生重大变化，如国家经济形势发生大的变化、社会资本建设和运营发生大的风险，那么商业银行的信贷风险便会暴露无遗。进一步研究发现，在绿色 PPP 项目中，如污水处理、垃圾焚烧发电、轨道交通等项目均是中长期项目，社会资本与政府签订的 PPP 特许经营协议期限都在 20 年以上（如北京地铁 4 号线，该项目规划时间分为建设期和特许经营期，2004—2009 年为建设期，2009—2034 年为特许经营期，30 年特许经营期结束后，北京地铁 4 号线将归政府所有），还款期通常是 10～20 年。银行如果支持绿色 PPP 项目，将受到期限错配的制约。

4. 银行顾虑绿色 PPP 项目风险大

绿色信贷重点支持的是节能环保、清洁能源、绿色交通运输、绿色建筑等绿色项目，前述 PPP 项目虽然国家重点鼓励，但自身面临着技术要求高、市场风险大以及成本较高的产业风险，银行担心绿色贷款风险大。事实上，商业银行对社会资本尤其是民间资本的风险评估指数较高（民间资本是 PPP 模式下政府部门重点引进的社会资本）。有银行专业人士指出，绿色信贷业务对银行来说风险很高，有点类似风投业务。

（二）银行业金融机构支持绿色 PPP

1. 加强绿色信贷授信审批管理。根据企业或者绿色 PPP 项目所面临的风险性质以及风险程度大小合理确定授信权限和审批流程。同时，银行应参照"赤道原则"，设立专门的环境和社会风险控制部门，对有环境影响的绿色 PPP 项目进行全流程管理，即授信业务准入、尽职调查、放款审核和贷后监测等。

2. 分批拨付资金，做好事中监管。实践发现，银行业金融机构在支持 PPP 项目中都有严格的监管程序，如分批拨付资金、做好事中监管等。以事中监管为例，其是绿色信贷资金流向的重要阶段，为确保银行绿色贷款真实流向绿色 PPP 项目，银行业金融机构对于绿色 PPP 项目的建设、运营、维护等各个环节要密切关注。同时，银行还应该设置环境风险评估预警指标，如果企业或者项目在建设和运营中间环节出现重大的环境风险隐患甚至产生严重的环境污染事故，银行可以临时中止信贷资金的拨付。此外，银行要求贷款企业在每年年报中披露绿色信贷的相关情况，对那些如实、及时披露自身环境信息的绿色 PPP 项目给予一定的奖励和优惠政策，如延长贷款期限、降低贷款利率等，从而让社会资本披露环境信息形成常态化机制。

3. 加强授信贷款事后的评估。如果银行支持的绿色 PPP 项目已经建成并开始运营，银行还应该对项目的环境等风险进行评估、测算，并总结经验教训，逐步完善银行在绿色信贷支持绿色 PPP 项目方面的评价体系。

4. 银行业金融机构应根据我国绿色 PPP 的实际情况，学习借鉴国外先进的绿色金融制度体系以及风险防范措施，通过对绿色企业、绿色项目的研究推出相关金融产品和服务。

5. 复合型、专业化的 PPP 人才队伍是银行业金融机构发展绿色信贷的核心保障。银行可围绕 PPP 模式加强绿色金融人才队伍建设，提升从业人员的业务水平。实践发现，为更好地支持包括节能环保在内的绿色 PPP，国内相当多的金融机构正有效开展组织保障、人才、企业文化等方面的准备工作。

6. 银行和评级公司在绿色 PPP 项目中引入环境风险因素。为更好地支持绿色 PPP 项目，建议银行和评级公司在绿色 PPP 项目评估中引入环境风险因素。环境影响报告不能泛泛表述，应有具体的量化指标。对于未来可能面临的声誉和法律风险，要有具体的应对措施（见案例 4－1）。

【案例 4 - 1】

近年来，随着某市经济社会快速发展，居民生活污水和工业废水不断增加，而现有污水处理厂的处理能力尚无法满足处理要求，导致城市环境受到污染，人民生活质量受到影响，某市新建一座污水处理厂迫在眉睫。

2015 年初，某市决定以 PPP 模式下的 BOT 模式新建一座污水处理厂（以下简称本项目）。本项目远期建设总规模为 12 万立方米/日，其中近期 6 万立方米/日，总投资约 8 亿元。污水处理厂采用 A^2/O 脱氮除磷工艺加深度处理工艺，出水水质达到一级 A 标准。本项目建成后，将有效消除和减少某市生活污水和工业废水对水环境的污染，实现某市的持续稳定发展。经过公开招投标，社会资本某水务公司中标。某水务公司出资 2 亿元作为自有资本，其余 6 亿元寻求银行贷款支持。

经过充分协商，某水务公司与某商业银行达成合作意向。一直以来，某商业银行十分重视社会责任，对节能环保、新能源、生态等绿色产业支持力度很大。不过，某商业银行对绿色 PPP 项目本身的环保风险也十分重视，其贷款条件尤其强调如果项目涉及环境污染，社会资本要提供具有明确量化指标的环境影响评估报告，且对绿色 PPP 项目或社会资本未来有可能面临的声誉和法律风险要有应对之策。对此，某水务公司向银行提交了本项目在实施过程中和建成后运营时可能对环境造成的影响以及对策：

1. 工程建设对环境影响

（1）对交通的影响。本项目建设时，由于土方、建筑材料的运输，使本项目周围道路的交通量增加，这种影响将随着工程的结束而消失。

（2）施工扬尘影响。本项目施工期间，构筑物要大开挖。挖掘出来的泥土堆放在施工现场，直至复土完毕，短则几个星期，长则数月。堆土裸露使大气中悬浮颗粒物含量骤增，施工扬尘给厂区内及附近的环境带来影响。

（3）施工噪声影响。本项目施工期间噪声主要来自建设时施工机械运作、建筑材料运输、车辆马达的轰鸣及喇叭的喧闹声。夜间将产生严重的扰民问题，影响邻近居民的工作和休息。

（4）生活垃圾影响。本项目施工时，施工区内工人的食宿将会安排在工作区域内，水、电以及生活废弃物若没有做妥善的安排，则会影响施工区的卫生环境，严重的情况下施工区工人暴发流行疾病，影响工程进度，同时影响附近居民。

（5）对地下水的影响。本项目建设中，将产生少量生活污水及垃圾、灰渣等。生活污水及垃圾的渗透水有可能会对地下水造成污染。

（6）弃土影响。施工期间将产生一些弃土，车辆装载过多导致沿程泥土散落满地；车轮沾满泥土导致运输公路布满泥土；晴天尘土飞扬，雨天路面泥泞，影响行人和车辆过往和环境质量。弃土处置地不明确或无规则乱放，将影响土地利用、河流通畅，破坏自然生态环境，影响城市的建设和整洁。

（7）对林木的影响。由于建设中开挖土地的需要，施工场地上的树木将被挖除或移栽他处。树木被挖起、运输和移栽过程中，都可能导致一部分树木死亡，使绿化遭到破坏。

2. 环境影响的缓解措施

（1）减少交通影响。本项目建设将不可避免地增加交通运输量，影响所在地区的交通。在制订施工方案时应充分考虑，对于交通特别繁忙的道路要求避让高峰时间。

（2）减少扬尘。为了减少工程扬尘对周围环境的影响，对当天挖出的弃土，应在表面洒水防止扬尘；对要存放的弃土应用草袋或尼龙编织布覆盖，防止流失；车辆驶出工地前应将轮子的泥土冲洗干净，防止沿程弃土满地，影响环境整洁；应对工地门前的道路环境实行保洁制度，一旦有弃土、建材散落应及时清扫。

（3）施工噪声的控制。为减少施工噪声对周围居民的影响，工程在距民舍200米的区域内不允许在晚上十时后至次日上午六时前施工。尽量采用低噪声机械，应对施工机械采取降噪措施和声障类装置，保证居民区的声环境质量。

（4）施工现场废物处理及防渗漏措施。为保护地下水，对临时膳宿的污水管道、厕所、化粪池等采取防渗漏措施，及时清理施工现场的生活废弃物，防止垃圾渗透液污染地下水；对施工人员加强教育，不随意乱丢废弃物，保证工人工作生活环境卫生质量。

（5）倡导文明施工。要求施工单位尽可能地减少在施工过程中对周围居民、工厂、学校的影响，提倡文明施工，做到"爱民工程"，组织施工单位、街道及业主联络会议，及时协调解决施工中对环境的影响问题。

（6）制订弃土处置和运输计划。制订弃土处置计划，弃土用于道路填方和周围企业建设的三通一平。按规定路线运输，按规定地点处置弃土和建筑垃圾，不定期地检查执行情况。施工中遇到有毒有害废弃物，应暂时停止施工，并及时与地方环保、卫生部门联系，经相关部门采取措施处理后才能继续施工。

（7）外环境的保护。严格执行施工管理措施，施工过程应注意堆积土方的覆盖和喷淋，防止因风扬尘。施工结束后在污水处理厂厂区内及周围进行绿化，做好地表植被和公路地面恢复工作，对施工过程中破坏的植被进行恢复，改善区域生态环境。

七、绿色信贷支持污水处理 PPP 项目落地

近年来，我国加大环保治理力度。以水环境综合治理为例，

2015 年 4 月，我国"水十条"出台，此后相关细分领域的政策很快推出：2015 年 7 月推出"海绵城市"、9 月推出"黑臭水体"、10 月推出"污水处理厂提标"等。随着我国污水排放标准收严，对水处理进行提标改造，城镇污水处理厂掀起改造高潮。国务院《关于加强城市基础设施建设的意见》（国发〔2013〕36 号）明确要加快污水和垃圾处理设施建设，并优先升级改造落后设施，确保城市污水处理厂出水达到国家新的环保排放要求或地表水Ⅳ类标准。根据环保部发布的《城镇污水处理厂污染物排放标准（征求意见稿）》，2017 年前敏感区域内 53% 的污水处理厂需要提标改造到一级 A，敏感区域外 30% 需要提标改造到一级 B，全国 10% 的污水处理厂需要提标改造到特别排放限制；今后新建污水处理厂均采用一级 A 标准。执行新标准后，COD 和氨氮将分别减排 31% 和 47%；若提高污水处理率达到欧美发达国家的 90% 水平，2030 年 COD 和氨氮将分别减排43% 和 60%。而根据住建部数据，目前我国约有 3,000 座城镇污水处理厂出水水质低于一级 A 标准。[①]

各地兴起污水处理厂提标改造的高潮，社会资本蜂拥而入污水处理领域。而根据 2016 年 10 月财政部印发的《关于在公共服务领域深入推进政府和社会资本合作工作的通知》（财金〔2016〕90号），明确提出深入推进公共服务领域 PPP 的思路，将进一步加大PPP 模式推广应用力度和财政扶持力度。在中央财政给予支持的公共服务领域，可根据行业特点和成熟度，探索开展两个"强制"试点。在垃圾处理、污水处理等公共服务领域，项目一般有现金流，市场化程度较高，PPP 模式运用较为广泛，操作相对成熟，各地新建项目要"强制"应用 PPP 模式，中央财政将逐步减少并取消专项建设资金补助。

---

① 住建部数据显示，截至 2015 年 6 月底，全国设市城市、县（以下简称城镇，不含其他建制镇）累计建成污水处理厂 3,802 座。

目前我国污水处理、垃圾处理"强制"采取 PPP 模式，这就使得社会资本介入污水处理、垃圾处理等领域在合作模式上有了明确的定位。而社会资本投资污水处理、垃圾处理等 PPP 项目，需要借助金融机构的力量。因此，银行等金融机构对社会资本的支持就显得尤为重要。

【案例 4 – 2】

1. 项目背景

某县位于华北北部，辖 7 个镇 18 个乡，200 余个自然行政村，城区人口 20 多万人。近年来，某县工业建设取得重大进展，逐步发展成为以采矿工业为主的工业体系。目前，某县排水系统存在的主要问题是：一是合流制管道不能满足城市环保要求，不利于污水集中处理；排污管网不健全，部分污水未能接入市政管道；部分工业废水未经处理直接排放，污水水质严重超标。二是部分有污水处理设施的单位因资金短缺和管理不善，处理程度低，运行不稳定；城区无集中的污水处理厂，未经处理的生活污水和大部分工业废水直接排入县河，造成县河水体严重污染，污水臭气散发，对城区环境造成严重污染，同时也影响下游水库水质，对下游居民饮用水质和农田灌溉影响很大。水污染已成为制约某县经济和社会发展的关键因素。鉴于此，2010 年，某县政府决定新建一座污水处理厂（以下简称本项目）。

2. 基本情况

本项目位于某县城新区西约 3.5 公里处，建设内容为由 11 个水池及 5 座单体附属用房组成的厂区，铺设管网 DN400 – DN1500 的污水主管道 36 千米，选用钢筋混凝土管和 HDPE 管，采用改良 AAO + V 型滤池工艺（见图 4 – 1），处理排放标准为《城镇污水处理厂污染物排放标准》（GB 18918—2002）一级 A 标准（见表 4 – 2），处理规模 6 万吨/日。本项目总投额为 1.2 亿元。

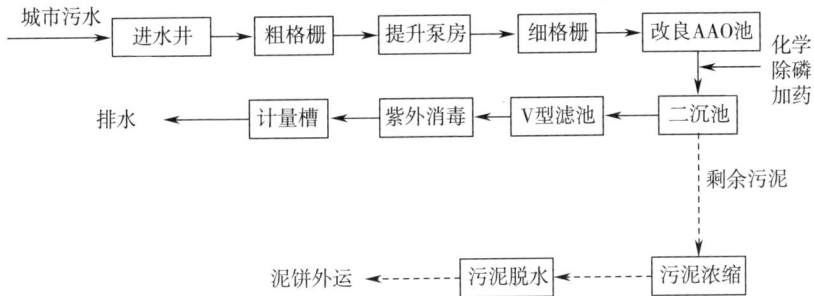

图 4-1　某县污水处理厂工艺流程图

表 4-2　　　基本控制项目最高允许排放浓度（日均值）　　单位：mg/L

序号	基本控制项目		一级标准	
			A 标准	B 标准
1	化学需氧量（COD）		50	60
2	生化需氧量（BOD_5）		10	20
3	悬浮物（SS）		10	20
4	动植物油		1	3
5	石油类		1	3
6	阴离子表面活性剂		0.5	1
7	总氮（以 N 计）		15	20
8	氨氮（以 N 计）[①]		5（8）	8（15）
9	总磷 （以 P 计）	2005 年 12 月 31 日前建设的	1	1.5
		2006 年 1 月 1 日起建设的	0.5	1
10	色度（稀释倍数）		30	30
11	pH		6~9	
12	粪大肠菌群数（个/L）		10^3	10^4

注：①括号外数值为水温 >12℃时的控制指标，括号内数值为水温 ≤12℃时的控制指标。

3. 合作模式

按照 PPP 流程，经过公开招投标程序，某县人民政府与社会资本某水处理公司以 BOT 模式合作。具体操作方式为：某县国有水务公司代表某县人民政府与社会资本某水处理公司共同成立 PPP 项目公司，其中，某县国有水务公司占股 20%，社会资本某水务公司占股 80%。PPP 项目公司负责本项目的设计、投资、融资、建设、运营及维护，某县人民政府授予 PPP 项目公司特许经营权，特许经营期限为 25 年。社会资本投资回报采取"使用者付费 + 政府补贴"模式。

4. 节能效果

本项目采用高效节能、简便易行的工艺技术，确保污水的处理效果，减少工程投资和日常运行费用。

节能设计范围：细格栅间、加药加氯间、综合楼、污泥脱水机房、粗格栅间、变配电间、鼓风机房、锅炉房、传达室。选用改良 AAO 工艺，既有良好的除磷脱氮效率，又比其他工艺更节能；选用高效率的潜水污水泵、潜水轴流泵；个别水泵上安装变频控制器，节约能耗，提高效率；选用高效率的鼓风机，运行时根据污染物负荷和池中的溶解氧浓度及时调整鼓风机开启台数，减少能耗；合理计算各构筑物之间水头损失，控制能耗；在 V 型滤池上设置水头损失仪，根据实际水头损失大小，控制滤池反冲，减少滤池运行能耗。

此外，外墙保温采用 30 毫米厚聚苯颗粒保温浆料，屋面保温则为 70 毫米厚挤塑聚苯板，架空楼板采用 60 毫米厚挤塑聚苯板保温，地面采用 130 毫米厚乳化沥青膨胀珍珠岩保温。外窗均为 PVC 塑钢低辐射中空玻璃窗，外门为 PVC 塑钢单层玻璃门。

本项目处理过程中主要的能耗为药剂用量、运行中自用水量以及耗电量。

（1）药剂用量

运行中使用的药剂主要包括聚合铝、阴离子高分子絮凝剂。聚合铝药剂用量为 1,500kg/d，阴离子高分子絮凝剂用量为 150kg/d。

（2）自用水量

本项目自用水量主要包括两部分，一部分是处理工艺需要的水量，另一部分是厂内人员生活用水量。工艺耗水量主要是沉淀池排泥水量以及消耗在微滤机的反冲洗用水，微滤机自用水量为处理水量的 1%～3%；生活用水量按 50 人计算，每人每天用水为 120L，最高日耗水量约为 6 吨。上述两部分水量可以通过厂内污水管道回流至污水处理厂进水井，再进入处理流程。

（3）耗电量

本项目吨水耗电为 0.40kW·h，其中污水机械预处理及生物处理部分吨水电耗 0.21kW·h；深度处理、尾水排放及中水回用部分（包括提升泵房、微滤机冲洗泵、紫外消毒及送水泵房）吨水电耗 0.16kW·h；污泥处理部分折算吨水电耗 0.03kW·h。通过采取节能措施，综合考虑进水污染物浓度和出水水质要求，本项目的处理工艺较同类型其他污水处理厂更为节能（见表 4－3）。

表 4－3　　　　　　　　　　　能源消耗表

项目	日耗量	年耗量	折算系数	折合标煤（tce/a）
耗电量	1,000kW·h	800 万 kW·h	0.404kgce/kW·h	320
耗水量	6m³	2,200m³	—	—

注：耗水量为新鲜水消耗量，由城市供水管网供给。

5. 融资情况

本项目总投额为 1.2 亿元。PPP 项目公司自有资金 3,000 万元，剩余 9,000 万元向银行业金融机构融资。经过多轮谈判，某商业银行给予本项目绿色贷款支持。

6. 综合评价

本项目为城市基础设施建设项目，建设期为 24 个月，项目建成后社会效益和经济效益明显：

（1）社会效益。一是城市排水规划和环境保护规划得以顺利实施，完善某县的污水处理系统；二是某县地表水环境得以改善，人民群众生活环境质量得到提高；三是整个城区及下游范围农业用水质量得到提高，为下游地区提供水源保护；四是创造良好的投资环境，有利于某县经济社会可持续发展。

（2）经济效益。本项目建设期为 2 年，第 3 年投产并达到设计生产能力的 100%。

由于本项目具有明显的社会效益和节能环保效益，某商业银行给予本项目绿色贷款，利率低于同类项目，因此本项目财务基准收益率为 9.3%，社会资本某水处理公司约 11 年收回投资，纯收益时间为 12 年（特许经营期限为 25 年，建设期 2 年）。

八、绿色信贷支持垃圾焚烧发电 PPP 项目

近年来，随着我国工业化、城镇化等建设步伐的加快，我国经济社会快速发展，与此同时，城市生活垃圾亦迅速增长。[①] 而由于我国许多大、中城市生活垃圾未进行集中处理，导致"垃圾围城"现象日益严重。垃圾问题在污染城市环境、影响人们生活质量的同时，也制约了城市经济社会的可持续发展。

根据环保部《2016 年全国大、中城市固体废物污染环境防治年报》，2016 年，全国共有 246 个大、中城市向社会发布了 2015 年固体废物污染环境防治信息。经统计，此次发布信息的大、中城市一般工业固体废物产生量为 19.1 亿吨，工业危险废物产生量为 2,801.8 万吨，医疗废物产生量约为 68.9 万吨，生活垃圾产生量约为 18,564.0 万吨（处置量 18,069.5 万吨，处置率达 97.3%）。

进一步分析发现，2015 年，城市生活垃圾产生量最大的是北京

[①] 公开数据显示，我国城市生活垃圾产生量从 1990 年的 6,700 多万吨迅速增加至 2010 年的 1.6 亿吨。2015 年我国城市每年生活垃圾产生量约 1.86 亿吨，约占世界生活垃圾产生量的 13%。我国 660 个城市中有 200 多个处于垃圾包围之中。

市，为 790.3 万吨，其次是上海、重庆、深圳和成都，产生量分别为 789.9 万吨、626.0 万吨、574.8 万吨和 467.5 万吨。246 个大、中城市中，前 10 位城市产生的城市生活垃圾总量为 5,078.6 万吨，占全部信息发布城市产生总量的 27.4%。

越来越多的城市遭受"垃圾围城"之困，垃圾焚烧发电被认为是未来处理城市生活垃圾的重要发展方向，究其原因，主要是垃圾焚烧发电优势明显：一是可以大大节约宝贵的土地资源，研究数据显示，垃圾焚烧发电用地与垃圾填埋处理方式相比，前者仅是后者的 1/20 ~ 1/15；二是处理速度快，污染小，通常情况下，垃圾焚烧只需 2 小时左右，而垃圾填埋处理后要 10 到 30 年才能分解，在产生的污染方面，垃圾焚烧产生的污染仅为垃圾填埋处理的 1/50；三是减容效果好，处理同等量的垃圾，填埋减容 20%，堆肥减容 50%，焚烧可达到 80%；四是充分实现资源的利用，经测算，垃圾焚烧发电我国每年可以节省煤炭 5,000 万 ~ 6,000 万吨，资源效益极为可观；五是产生一定的经济效益，大约 10 个人产生的垃圾焚烧发电可满足 1 个人的日常家庭用电需求，垃圾焚烧发电还能给企业带来较大的经济效益。如某大型生活垃圾焚烧发电厂日处理垃圾量 1,600吨，2 条处理能力为 800 吨/天的焚烧线，装机容量为 30MW（2 × 15MW），年发电量 200 多万度，可服务人口 400 多万。

综合分析发现，我国城市生活垃圾焚烧发电前景广阔。在具体的实践操作中，如上所述，未来我国上马的垃圾焚烧发电项目以 PPP 模式为主，引进优质社会资本以 PPP 模式建设垃圾焚烧发电项目成为当下地方政府现实的选择：可以充分发挥社会资本雄厚的资本优势、先进的技术优势和丰富的管理经验优势，既能缓解地方政府的财政压力，又能治理环境污染、改善城市环境质量、提高人们的生活水平，还能实现资源的充分利用，发挥资源效益。总之，不管是当下还是未来，垃圾焚烧发电项目在 PPP 领域都将占有重要的一席之地。①

　　虽然垃圾焚烧发电 PPP 项目前景看好，不过，由于此类 PPP 项目投资规模较大且运营周期和回报周期都较长，属于准公益性质项目。换句话说，垃圾焚烧发电 PPP 项目虽然社会效益大、环境效益高，但相对巨额投资来说投资回报率不高，实践操作中社会资本的相当一部分建设和运营费用需要对外融资以解决资金不足的问题。因此，社会资本是否能够得到金融机构的支持以及更低的资金成本，成为社会资本是否有意愿投资垃圾焚烧发电 PPP 项目乃至项目能否稳妥顺利地建设和运营的关键所在。

　　如上所述，垃圾焚烧发电 PPP 项目能够产生明显的节能环保效应，是我国重点鼓励的市政环保类项目，因此从绿色金融支持环保类项目的角度出发，绿色信贷应重点支持垃圾焚烧发电 PPP 项目。以下是一例典型的绿色信贷支持垃圾焚烧发电 PPP 项目案例，在业内产生了较大的反响，无论是对地方政府、环保类社会资本还是金融机构而言，都具有较大的示范作用和复制效应（见案例 4 - 3）。

【案例 4 - 3】

　　某市为省会城市，经济发达，每年产生的生活垃圾量超过 100 万吨。多年来，某市生活垃圾以填埋为主。近年来，填埋方式已经不能满足某市生活垃圾处理的需要，某市"垃圾围城"现象越来越严重，城市环境受到污染。因此，某市政府决定以 PPP 模式下的 BOT 模式新建一座大型生活垃圾焚烧发电厂（以下简称本项目）。

---

　　① 在目前我国大力推广的 PPP 各大领域中，交通、市政、环保等行业位居前列。就环保 PPP 而言，垃圾处理和污水处理最多。如财政部第二批 PPP 示范项目主要集中在市政、水务、交通等领域，市政领域多以垃圾焚烧发电、城市地下综合管廊、垃圾处理等项目为主。财政部第三批 PPP 示范项目覆盖了能源、交通运输、水利建设、生态建设和环境保护、市政工程等 18 个一级行业。其中，市政工程类项目数量占比 43%，投资总额占比 27%。对应二级行业项目数量前 5 位分别是市政道路项目 43 个，占比 19%；污水处理项目 40 个，占比 18%；管网项目 31 个，占比 14%；垃圾处理项目 31 个，占比 14%；供水项目 24 个，占比 11%。

本项目总投资约 10.8 亿元,经某市政府公开招标,某环保公司中标,双方以 BOT 模式合作。本项目特许经营期限 20 年,某环保公司投资回报主要来自两部分:一部分是垃圾处理费用,由政府直接给予补贴,企业不另收费;另一部分来自于焚烧发电所产生的发电、供热等收益。本项目位于某市垃圾无害化处理中心内,占地约 60 亩,日处理垃圾量 2,000 吨,全厂设 2 条处理能力为 1,000 吨/天的焚烧线;装机容量为 30MW(2×15MW);年运行时间按 8,000 小时计,设计年发电量为 2.6 亿 kW·h,可服务人口 200 多万。本项目日均发电达 70 多万 kW·h,可供 3,500 户家庭使用一个月。本项目技术原理为利用余热转换成蒸汽发电、供热,尾气排放达到国际先进水平,污水实现"零排放",废渣循环再造成砖,灰渣按照国家环保规定处理。

某环保公司在与某市政府签订本项目 PPP 特许经营协议后,项目融资成为当务之急。在前期与某商业银行洽谈的基础上,某环保公司获得某商业银行绿色信贷的支持:贷款额度约 8 亿元(其余 2.8 亿元为企业自有资金),利率较同类贷款优惠(此前某环保公司与多家银行接洽,部分银行由于对垃圾焚烧发电项目了解不够,因此对企业的贷款申请过于谨慎,导致某环保公司在前期推进本项目的过程中较为迟缓)。

分析某环保公司获得某商业银行绿色信贷的原因,除了公司自身属于节能环保行业国家重点支持、多年来一直致力于我国的环保事业、严格遵守环境保护法律法规并依法披露环境信息、银行信用度较高外,本项目在社会效益和经济效益方面的突出特点也是一大因素:一是解决了某市"垃圾围城"所造成的空气污染、土壤污染和水污染问题,大大改善了某市的环境质量和人民生活水平,避免了环境污染事件的发生;二是本项目设计年发电量为 2.6 亿 kW·h,具有明显的节能效益;三是缓解政府的财政压力,同时发挥自身优势有效控制成本，提高建设和运营效率；四是投资收益较为理想，投资收益率为8.9%，符合 PPP 项目"盈利不暴利"的原则。

最终本项目在绿色信贷的撬动下建成运营，目前运作良好，包括政府、社会资本、金融机构和人民群众在内的各方主体都非常满意，对其他垃圾焚烧发电 PPP 项目来说具有较大的借鉴意义。

第五章　绿色债券支持 PPP 模式

作为实际操作轨道交通、污水处理、垃圾处理等绿色 PPP 项目的社会资本，其本身也存在着资金不足问题，需要对外融资以完成绿色 PPP 项目的投资、建设和运营。研究发现，轨道交通、污水处理、垃圾处理等绿色 PPP 项目适合通过发行绿色债券融资。近年来，国内绿色债券等创新型金融产品不断涌现，绿色金融和节能环保、清洁能源、绿色交通运输、绿色建筑等领域融合的广度和深度不断拓展，绿色债券在提高社会资本积极投资绿色 PPP 项目的同时，也加速了项目的落地。

一、我国已成为全球最大绿色债券市场

所谓绿色债券，是指将募集资金专门用于资助符合规定条件的绿色项目[①]或为这些项目进行再融资的债券工具。绿色债券是近年来国际上新兴的债券品种，其主要目的是为环境保护、可持续发展和应对气候变化等绿色项目提供资金支持。绿色债券是绿色金融体系的重要内容，对我国而言，其作用主要表现在：促进绿色发展、推动节能减排、解决环境污染问题、助力国家经济转型和产业结构调整升级、实现我国经济社会的可持续发展。

[①] 用于支持节能减排技术改造、绿色城镇化、能源清洁高效利用、新能源开发利用、循环经济发展、水资源节约和非常规水资源开发利用、污染防治、生态农林业、节能环保产业、低碳产业、生态文明先行示范试验、低碳试点示范等绿色循环低碳发展项目。

（一）绿色债券起源于欧美

公开资料显示，早在 2007 年，欧洲投资银行就发行了全球首只绿色债券：5 年期 6 亿欧元的"气候意识债券"。从世界范围看，全球绿色债券市场近年来发展迅速。2014 年，全球绿色债券发行金额达 380 亿美元；2015 年发行量超过 400 亿美元。投资者主要是主流金融机构、政府主权基金和大型的机构投资者及部分高净值的个人投资者等。[①] 具体来说，绿色债券包括地方政府发行的绿色市政债、国际多边金融机构和开发银行发行的绿色开发债券和绿色离岸金融债券、商业银行发行的绿色金融债券及企业发行的绿色债券等。截至 2016 年第二季度，从已发行的绿色债券看，绿色债券特点明显：一是信用评级相对较高；二是发行量主要集中在欧美发达国家，欧洲占据 62% 的发行量（其中法国占比 21%、德国占比 8%，两国占据欧洲国家发行量的半壁江山）、美国占比 8%（欧美占比达 70%）、亚洲占比仅为 3%；三是期限结构上以中短期和长期为主，超短期和超长期较为常见。

自 2007 年第一只绿色债券发行以来，截至 2015 年 9 月底，全球总共发行了 497 只绿色债券，且发行量逐年递增。近年来，绿色债券的影响范围正从欧洲向全球各地尤其是发展中国家快速扩张。

（二）绿色债券在我国快速发展

从绿色债券发展阶段来看，与其他绿色金融工具不同的是，我国与世界上发达国家同处于起步阶段。2007 年，欧洲投资银行发行了全球首只绿色债券。几年后，绿色债券在我国迅速发展。

---

① 资料显示，国际上已经发行绿色债券的机构主要有世界银行、亚洲开发银行、英国绿色投资银行等，这些绿色债券的承销商一般是国际上主要的投资银行，而投资者主要是大型的机构投资者及部分高净值的个人投资者。

根据 2015 年 12 月 31 日国家发改委发布的《绿色债券发行指引》（发改办财金〔2015〕3504 号），绿色债券是指募集资金主要用于支持节能减排技术改造、绿色城镇化、能源清洁高效利用、新能源开发利用、循环经济发展、水资源节约和非常规水资源开发利用、污染防治、生态农林业、节能环保产业、低碳产业、生态文明先行示范试验、低碳试点示范等绿色循环低碳发展项目的企业债券。

（三）我国已成为全球最大绿色债券市场

近年来，为提升我国的经济增长潜力，加快经济向绿色化方向发展，国家高度重视绿色金融体系的建设。在建立绿色债券市场方面，无论是市场规模还是发展状况，我国都已经成为市场的领导者。

2007 年，全球第一只绿色债券诞生。2014 年，国际金融公司发行了全球第一笔人民币绿色债券用于中国绿色气候方面投资。一方面，我国绿色债券存在巨大需求量[①]；另一方面，我国正大力进行金融体制改革。因此，伴随着《生态文明体制改革总体方案》、《构建绿色金融体系的指导意见》等一系列文件的出台，绿色债券在我国迎来了发展的黄金时期。自 2016 年年初至 12 月 12 日，中国机构在境内外发行的绿色债券规模已达 2,200 亿元，占到全世界同期发行绿色债券的 42%，居世界第一。总的来说，作为绿色金融的重要组成部分，中国绿色债券发展迅速，政府、发行人和投资者等各类主体参与程度越来越高（见表 5 - 1）。

---

① 国务院发展研究中心金融研究所发布的数据显示，中国绿色产业的年投资需求在 2 万亿元以上，而财政资源只能满足其中的 10% ~15%，融资缺口达 1.7 万亿元以上，若 30% 以债券形式融资，且其中 50% 为绿色债券，绿色债券的年需求量将在 2,550 亿元左右。

表 5 – 1 我国绿色债券发展历程

序号	时间	内容
1	2014 年 5 月	中广核风电有限公司发行国内首单碳债券"14 核风电 MTN001"
2	2014 年 6 月	国际金融公司发行首笔人民币计价绿色债券,在伦敦证券交易所挂牌,开创了多边机构在离岸市场发行绿色债券的先河
3	2015 年 4 月	《中共中央 国务院关于加快推进生态文明建设的意见》发布
4	2015 年 7 月	新疆金风科技股份有限公司在海外发行首单中资企业绿色债券"新疆金风科技绿色债券"
5	2015 年 9 月	中共中央、国务院印发《生态文明体制改革总体方案》
6	2015 年 10 月	我国中资金融机构首单绿色债券"农业银行(601288,股吧)绿色债券"在伦敦发行
7	2015 年 12 月	人民银行发布绿色金融债券公告以及《绿色债券支持项目目录》
8	2015 年 12 月	国家发展改革委发布《绿色债券发行指引》
9	2016 年 1 月	首单银行间市场绿色金融债"16 浦发绿色金融债 01"发行
10	2016 年 3 月	上交所开展绿色公司债券试点
11	2016 年 4 月	深交所开展绿色公司债券试点
12	2016 年 4 月	国内首只绿色企业债券"16 京汽绿色债 01"发行
13	2016 年 4 月	中央结算公司与中节能咨询有限公司发布中国首批绿色债券指数
14	2016 年 5 月	交易所市场发行首单绿色公司债"G16 嘉化 1"
15	2016 年 7 月	金砖国家新开发银行在中国银行(601988,股吧)间债券市场发行 30 亿元人民币绿色金融债券
16	2016 年 8 月	人民银行等七部委联合发布《关于构建绿色金融体系的指导意见》
17	2016 年 9 月	国内首单可续期绿色债券"北控水务绿色公司债"发行

数据来源:公开资料。

(四)我国绿色债券发展迅速的原因

1. 绿色债券发展源于政策利好。研究发现,我国绿色债券发展取得不俗成绩,与国家政策的大力扶持和推进密切相关。我国正式启动绿色债券市场后,相继出台了一系列配套优惠政策,有效地激发了绿色债券的发展,如明确绿色债券的适用范围和支持重点、简化审批程序、放宽发行条件、鼓励上市公司及其子公司发行绿色债券等。

（1）2015 年 9 月，中共中央、国务院发布《生态文明体制改革总体方案》，首次明确了建立我国绿色金融体系的顶层设计，并将发展绿色债券市场作为其中一项重要内容。

（2）2015 年 11 月，国务院发布《关于积极发挥新消费引领作用加快培育形成新供给新动力的指导意见》（国发〔2015〕66 号），鼓励发展绿色建筑、绿色制造、绿色交通、绿色能源，支持循环园区、低碳城市、生态旅游目的地建设。建立绿色金融体系，发展绿色信贷、绿色债券和绿色基金。

（3）2015 年 12 月，中国人民银行和国家发改委分别出台《关于在银行间债券市场发行绿色金融债券有关事宜的公告》（中国人民银行公告〔2015〕第 39 号）和《绿色债券发行指引》（发改办财金〔2015〕3504 号），对绿色债券的项目分类进行了界定。同月，中国金融学会绿色金融专业委员会发布了《绿色债券支持项目目录（2015 年版）》，中国绿色债券市场正式启动。

国家发改委《绿色债券发行指引》指出现阶段的支持重点是共十二类：具体包括节能减排技术改造项目、绿色城镇化项目、能源清洁高效利用项目、新能源开发利用项目、循环经济发展项目、水资源节约和非常规水资源开发利用项目、污染防治项目、生态农林业项目、节能环保产业项目、低碳产业项目、生态文明先行示范实验项目以及低碳发展试点示范项目。《绿色债券支持项目目录（2015 年版）》（以下简称《目录》）是我国第一份关于绿色债券界定与分类的文件①，为绿色债券审批与注册、第三方绿色债券评估、绿色债

---

① 发展绿色债券市场的一个前提条件是对绿色债券进行界定。如果不对绿色债券进行比较明确的界定，并在发行后对其用途和效果进行评估和信息披露，就可能出现非绿色项目假借绿色债券名义融资的情况。

券评级和相关信息披露提供参考依据。《目录》共包含 6 大类和 31 个小类。其中 6 大类主要是节能、污染防治、资源节约与循环利用、清洁交通、清洁能源、生态保护和适应气候变化。

（4）2016 年 3 月，上海证券交易所发布《关于开展绿色公司债券试点的通知》（上证发〔2016〕13 号）。4 月，深圳证券交易所发布《关于开展绿色公司债券业务试点的通知》（深证上〔2016〕206号），两份通知文件均鼓励机构投资者投资绿色公司债券。

（5）2016 年 8 月，人民银行等七部委发布《指导意见》，《指导意见》明确要完善绿色债券的相关规章制度，统一绿色债券界定标准。研究完善各类绿色债券发行的相关业务指引、自律性规则，明确发行绿色债券筹集的资金专门（或主要）用于绿色项目。

2. 较之普通债券，绿色债券优势明显

（1）绿色金融债券具有一定的融资成本优势，如 2016 年 1 月，浦发银行与兴业银行在银行间市场发行的 3 年期绿色金融债券，利率 2.95%，而同期商业银行发行的同期限、同评级金融债发行利率则在 3.00% ~ 3.03% 之间。

（2）与普通金融债相比，绿色金融债发债门槛低。根据《全国银行间债券市场金融债券发行管理办法》，商业银行发行普通金融债券要满足最近三年连续盈利的要求（其他的还有核心资本充足率不低于 4%、贷款损失准备计提充足、风险监管指标符合监管机构的有关规定等），但绿色金融债只要求最近一年盈利。

（3）绿色债券更能够吸引投资者：一是社会价值高，公益性强，绿色债券针对的是国家重点支持的节能环保、清洁能源、绿色交通运输、绿色建筑等绿色产业，国家不仅有优惠的产业政策，而且还有优惠的财政政策和金融政策，通常情况下，绿色债券是政府、金融机构以及有实力的企业发行，而由于发行者的信用级别较高，利率较低，有时会享受政府的免税等特殊优惠政策，从而可以更好地支持绿色项目；二是期限较短（一般为 3 ~ 7 年），流动性强，方便投资者理财；三是相比普通债券不良率低，投资回报更高；四是发行者通常信用较高，投资者承担的风险较低。

此外，绿色债券在为企业打通低成本融资渠道的同时，还为相关投资者提供了投资机会。投资者在支持我国绿色产业发展的同时，满足了稳定收益的资产配置需求。从投资者的角度来说，目前许多国际知名的投资机构积极购买绿色债券，有着几方面的目的，一方面是将绿色债券作为资产保值增值、稳定收益的投资方式；另一方面还是投资机构和个人支持绿色产业、体现社会责任的一种方式。

3. 除上述因素外，推动我国绿色债券快速发展的还有其他因素，如融资成本逐渐降低，市场吸引力逐步提高，市场主体日趋多元等。

我国绿色债券市场不断扩大，节能环保产业更是"十三五"期间重点打造的产业，被视为未来五年我国国民经济的支柱产业之一，我国绿色债券市场潜在规模巨大。总之，随着我国对绿色金融的支持政策不断出台，监管政策不断完善，金融机构、企业以及投资者对绿色债券热情高涨，绿色债券发展前景广阔。

二、绿色金融债券与绿色公司债券踊跃发行

绿色债券是指政府、金融机构、工商企业等发行者向投资者发行，承诺按一定利率支付利息并按约定条件偿还本金的债权债务凭证，且募集资金的最终投向应为符合规定条件的绿色项目。从发行主体来看，绿色债券发行者主要包括政府、多边开发机构、银行业金融机构以及企业等。本书重点论述的是绿色金融与绿色 PPP 的相互配合与推进，尤其是绿色金融对绿色 PPP 的推进作用，因此主要就绿色金融债券与绿色公司债券的发行情况进行阐述。

（一）银行业金融机构积极发行绿色金融债券

国家支持发展绿色债券的一系列文件出台后，多家银行业金融机构积极发行绿色金融债券。尤其是 2015 年以来，国内的绿色债券发展迅速。浦发银行、兴业银行等多家银行先后成功发行绿色金融债券①。距央行发布关于绿色金融债券的公告（中国人民银行公告〔2015〕第 39 号）仅一个月，2016 年 1 月，浦发银行和兴业就先后发行 200 亿元和 100 亿元绿色金融债券②，这意味着我国绿色金融债券从制度框架到产品发行的正式落地。

2016 年 1 月 27 日，浦发银行簿记发行境内首单绿色金融债券，发行规模 200 亿元，债券期限 3 年，年利率为固定利率 2.95%，超额认购 2.02 倍，本期债券募集资金将首选与雾霾治理、污染防治、资源节约与循环利用相关的重大民生项目；2016 年 3 月 29 日，浦发银行继 2016 年初成功发行境内首单 200 亿元绿色金融债后，继续完成发行第二期 150 亿元绿色金融债券。本期绿色金融债券以簿记建档方式公开发行，期限 5 年，全场认购倍数达 1.5 倍以上，最终票面利率为 3.20%。浦发银行表示，本期 150 亿元的发行成功将进一步加强浦发银行服务实体经济和支持绿色产业的能力，浦发银行将以此为契机继续带动该行绿色信贷业务、绿色金融业务再上新台阶，以实际行动助力企业绿色低碳战略转型及发展壮大，推动经济转型

---

① 按照央行的定义，绿色金融债券是金融机构法人依法在银行间债券市场发行的、募集资金用于支持绿色产业项目，并约定还本付息的有价证券。2015 年 12 月 22 日，央行在银行间债券市场推出绿色金融债券，同时公布节能、污染防治等六大绿色债券支持项目目录。

② 2016 年 1 月 27 日，浦发银行簿记发行境内首单绿色金融债券，发行规模 200 亿元，债券期限 3 年，年利率为固定利率 2.95%，超额认购 2.02 倍，本期债券募集资金将首选与雾霾治理、污染防治、资源节约与循环利用相关的重大民生项目，重点投放于京津冀、长三角、环渤海、珠三角等地区；1 月 28 日，兴业银行成功发行首单绿色金融债，首期发行 100 亿元，获得超过 2 倍认购，期限 3 年，票面利率 2.95%。相比同类型债券，本期绿色金融债受到了国有大行、全国性股份制商业银行、证券、保险和基金公司等投资人的追捧。

和产业结构升级。2016 年 1 月 28 日，兴业银行成功发行首单绿色金融债，首期发行 100 亿元，获得超过 2 倍认购，期限 3 年，票面利率 2.95%。本期绿色金融债受到国有大行、全国性股份制商业银行、证券、保险和基金公司等投资人的追捧。2016 年 2 月 22 日，青岛银行公布 80 亿元绿色债券发行计划，成为国内首家获得绿色债券发行资格的城商行。

不仅如此，国内金融机构还在境外发行绿色债券。

2015 年 10 月，中国农业银行等值 10 亿美元绿色债券在伦敦证券交易所成功上市，开启了中资金融机构在境外发行绿色金融债券的先河。资金投放项目覆盖清洁能源、生物发电、城镇垃圾及污水处理等多个领域（也是绿色 PPP 的重点领域）。2016 年 7 月，中国银行在境外成功发行等值 30 亿美元绿色债券，绿色债券由中国银行卢森堡分行、纽约分行同步发行，包括固定利率、浮动利率等两种计息方式，覆盖美元、欧元、人民币 3 个币种（其中美元发行金额为 22.5 亿美元、欧元发行金额为 5 亿欧元、人民币发行金额为 15 亿元人民币）以及 2 年、3 年、5 年 3 个期限。本次发行获得国际投资者积极认购，订单总量超过 700 个。需要指出的是，在人民币汇率波动加大的市场环境下，本次发行的绿色债券人民币品种认购倍数达 4.3 倍。中国银行此次发行的绿色债券极具象征意义：一是国际市场中有史以来发行金额最大、品种最多的绿色债券；二是欧元绿色债券是中资机构在欧洲大陆发行上市的首笔绿色债券；三是至今为止规模最大的离岸人民币绿色债券。此外，本次绿色债券兼具双重"绿色标识"，由安永作为专业第三方机构进行"绿色认证"，并对相关管理机制和绿色项目进行定量化的"绿色评级"，获得安永 GB – AAA "深绿"评级。

业内权威人士指出，未来我国开发性银行、政策性银行、商业银行都将是绿色金融债的发行主力。此外，财务公司、保险公司等非银行金融机构也将是绿色金融债的潜在发行主体。

（二）绿色公司债券成功发行

银行业金融机构对发行绿色债券热情满满，非金融类企业亦跃跃欲试。实践发现，相当多的非金融企业正在为发行绿色公司债券积极准备。目前，国内多家企业都在积极筹备发行绿色债券，我国企业绿色债券将步入发展的快车道（见表 5 - 2）。

表 5 - 2　　　　　近年来我国绿色债券发行情况（部分）

序号	时间	内容
1	2014 年 5 月	中广核风电有限公司发行了国内第一单碳债券，发行额为 10 亿美元，票面利率为固定利率加浮动利率，浮动利率根据五个资源减排项目收益来确定。
2	2015 年 7 月	新疆金风科技股份有限公司在香港联交所发行了中国第一只真正的绿色债券，规模为 3 亿美元，期限 3 年，票面利率为 2.5%，穆迪给予的信用等级为 A1。
3	2016 年 4 月	国内首单非金融企业绿色债券成功发行，由国家开发银行主承销的协合风电投资有限公司 2 亿元中期票据在银行间市场成功发行，该债券期限为 3 年，票面利率 6.2%，募集资金将全部投向绿色项目建设。
4	2016 年 5 月	浙江吉利控股集团通过全资子公司 LTC GB Limited 发行高级无抵押离岸绿色债券，年利率为 2.75%，期限为 5 年。吉利控股集团从而成为中国汽车行业第一家成功发行离岸绿色债券的公司，绿色债券总额达 4 亿美元，此次绿色债券发行所得的资金目的是支持其英国子公司伦敦出租车公司开发具有零排放能力的经典伦敦黑色出租车[①]。该绿色债券最终订单金额超过 23 亿美元，超额认购近 6 倍。

---

① 资料显示，吉利控股集团计划大幅提升伦敦出租车公司的产能并将其打造为绿色交通领域的领军企业，为开发新一代伦敦出租投资 3 亿英镑在英国新建研发中心和工厂，伦敦出租车新一代具有零排放能力的 TX5 预计于 2017 年在英国上市，并于 2018 年登陆全球市场。TX5 的零排放能力能够满足伦敦乃至欧洲及全球其他地方的新环保标准。

序号	时间	内容
5	2016 年 9 月	中国长江三峡集团公司在上海证券交易所成功上市交易 60 亿元绿色公司债券，其中：品种一为 3 年期 35 亿元，票面利率 2.92%，是 2016 年 8 月、9 月重点 AAA 企业同期限品种最低发行利率，认购倍数仍达到 3.29 倍；品种二为 10 年期 25 亿元，票面利率 3.39%，是截至发行日非金融企业同期限品种的历史最低发行利率，认购倍数仍达到 3.88 倍。三峡集团本次发行的绿色债券募集资金将全部用于支持实体经济发展，建设开发我国最大的水电基地、我国西电东送的主力金沙江梯级水电站[①]。
6	2016 年 10 月	大唐新能源完成公司 2016 年绿色公司债券（第二期）的公开发行，该期绿色债券最终发行规模为人民币 5 亿元，票面金额为人民币 100 元，发行利率为 3.10%，期限为 5 年期。大唐新能源该期绿色公司债券后拟用于风力发电项目的建设。

三、绿色债券市场诸多问题亟待解决

绿色债券是近年来绿色金融领域大力发展的融资工具。虽然我国绿色债券市场取得了长足进展，但由于发展的时间并不长，与普通债券相比还存在着多方面的不足。总的来说我国绿色债券还处于起步阶段，面临着诸多亟待解决的问题和障碍。

（一）绿色债券面临的问题

1. 未强制绿色债券评估或认证

与普通债券相比，绿色债券最大的特点是募集资金所投项目的"绿色"属性。研究《绿色债券支持项目目录（2015 年版）》和

---

① 本期债券募集资金扣除发行费用后，其中 5 亿元用于溪洛渡水电站建设，5 亿元用于向家坝水电站建设，剩余部分用于乌东德水电站建设。项目全部建成投产后"绿色效应"显著：合计年均发电量为 1,270 亿千瓦时，每年可节省标煤约 4,568 万吨，减少排放二氧化碳 10,165 万吨、二氧化硫 4.80 万吨、氮氧化物 4.80 万吨和烟尘 1.44 万吨。

《绿色债券发行指引》发现，绿色债券发行范围大，如《绿色债券支持项目目录（2015 年版）》在内容上有一、二、三级分类，一级分类就有节能、污染防治、资源节约与循环利用、清洁交通、清洁能源、生态保护和适应气候变化等 6 大类，从节能环保设备技术改造，到清洁低碳产业生产等，内容涵盖再生资源回收加工及循环利用、铁路交通、城市轨道交通、城乡公路运输公共客运以及为了支持绿色产业所建设的城镇、示范园区等的建设。

不过，目前监管部门并没有强制要求绿色债券发行者提供第三方绿色认证，而只是"鼓励"绿色债券发行人聘请独立的第三方机构对所发行的绿色债券进行评估或者认证。换句话说，我国绿色债券发行市场第三方认证方面还存有不足。进一步分析发现，我国第三方机构认证不足表现在：一是"窗口指导"多于"实质性指导"，多偏重于咨询功能；二是第三方认证机构低价竞争越来越明显（目前，我国第三方认证机构鱼龙混杂，低价竞争、恶性竞争影响了我国绿色金融市场整体的公信力），再加上提供第三方认证服务的机构发挥的作用区别不大，导致部分发行人过于重"价廉"而弱"质优"，而以此种思路选择第三方认证机构，其认证结果值得推敲，权威性方面亦有待商榷。

由于未强制绿色债券评估，可能存在部分发行者打"擦边球"甚至欺诈投资者的现象，对投资者造成很大损失，对整个绿色债券市场的发展也不利。

事实上，认定项目的绿色"身份"是绿色债券发行的前提和保障，如果无法从制度上保证绿色债券的"绿色"属性，那么无论是银行业金融机构还是企业发行绿色债券，要达到"促进绿色产业发展，实现环境效益"的目的很难实现，甚至可能出现非绿色项目假借绿色债券的名义融资等"洗绿"行为（"洗绿"是指原本不符合绿色融资条件的发行人或贷款人通过绿色金融获得绿色资金）。正如任何事物都存在两面性，国家秉持良好意愿出台的优惠政策，有可能被部分企业"利用"即为获取绿色资金而实施"洗绿"。部分企业"洗绿"的危害很严重：一方面违背了国家通过绿色金融优惠政策支持真正绿色产业、绿色项目的初衷；另一方面也损害绿色金融市场的公平，使有限的绿色资金没有流向本应该流向的绿色企业、绿色项目，引发"劣币驱逐良币"的效应，给绿色金融市场造成严重伤害。

国际上证明绿色债券"绿色"身份的通行做法是聘请独立专业机构出具对募集资金使用方向的绿色认证。与国际发行绿色债券情况相比①，我国绿色债券还缺乏统一的认证标准和专业的认证机构，绿色认证成本较高，绿色债券的发行标准和透明度需进一步提高。目前，我国绿色债券认证的第三方机构较少，无法满足绿色债券快速发展的需要。

2. 绿色债券界定标准欠缺

目前，国际上对"绿色债券"定义已有统一共识②，但我国对这一概念还没有明确界定。绿色债券募集资金所投项目为绿色项目，我国在绿色项目的认定标准上亦没有统一的标准，在实践操作中主要依靠两个文件，一个是国家发改委印发的《绿色债券发行指引》（发改办财金〔2015〕3504 号），另一个是中国金融学会绿色金融专业委员会编制的《绿色债券支持项目目录（2015 年版）》，但两个文

---

① 公开资料显示，目前国际上较权威的认证机构有 CICERO（国际气候与环境研究中心）、Vigeo 评级、DNVGL 集团、CBI（气候债券委员会）、Oekom 研究中心、KPMG（毕马威）、Sustainalytics 和 Trucost 公司等。截至 2014 年底，全球已发行的 300 多只绿色债券中，约 63% 的发行人对债券进行了国际绿色认证。

② 2015 年 3 月 27 日，国际资本市场协会（ICMA）联合 130 多家金融机构共同出台绿色债券原则，指出绿色债券是指任何将所得资金专门用于资助符合规定条件的绿色项目或为这些项目进行再融资的债券工具。而绿色项目是指那些可以促进环境可持续发展，并且通过发行主体和相关机构评估和选择的项目和计划，包含减缓和适应气候变化、遏制自然资源枯竭、生物多样性保护和污染治理等几大关键领域。

件确定的绿色项目较为宏观，支持绿色债券发展的财税优惠政策和奖惩政策短时间内较难落地。不仅如此，还可能存在部分市场主体利用绿色债券界定标准欠缺的问题进行套利，这对我国绿色债券的健康稳定发展极为不利。

3. 收益难保证，违约风险大

绿色债券支持的是绿色产业，以环保行业为例，在国家利好政策刺激下，大量环保或非环保的大型企业纷纷涌进节能环保领域。目前，我国大大小小环保企业 2 万多家，在激烈的市场竞争之下，环保市场呈现竞争机制不规范，低质低价、价格扭曲等恶性竞争现象，有的环保 PPP 项目甚至出现"零利润中标"的情况。环保产业利润下滑严重，如果对企业发行绿色债券不进行规范，则极易出现大量资金投机绿色债券市场，从而刺激环保企业加大杠杆进行无序的资本扩张，导致产能严重过剩、企业营收和利润严重下滑、绿色债券本息无法偿还、出现债务违约，最终大量环保企业破产，产业进入寒冬。

（二）我国绿色债券市场前景

2016 年 8 月，人民银行等七部委发布的《指导意见》和 2016 年杭州 G20 峰会将我国绿色债券发展推进到新的阶段。需要重点指出的是，《指导意见》和 G20 杭州峰会公报明确了我国绿色债券市场的发展方向，如通过努力支持本地绿色债券市场发展，开展国际合作推动跨境绿色债券投资等，因此，投资者对未来不确定性的预期会降低，对发展我国的绿色债券市场有利。

市场需求大。国务院发展研究中心金融研究所发布的数据显示，中国绿色产业的年投资需求 2 万亿元以上，而财政资源只能满足其中的 10% ~15%，融资缺口达 1.7 万亿元以上，发展绿色债券面临着巨大的发展机遇。

未来我国绿色债券的市场将迎来历史性的发展机遇。据估计，到 2020 年我国每年发行的绿色债券将达到 500 亿美元。

（三）完善绿色债券认证体系

未来我国需围绕统一绿色债券界定标准、完善第三方认证和加大财税政策支持力度等几方面下工夫，加快我国绿色债券市场的发展。

1. 为确保绿色债券"绿"的含金量，当下急需加强认证管理，进一步提高我国绿色债券发行的标准化和透明度，建立和完善国内绿色债券认证标准和体系，规范绿色债券评估要求，重点将发行人的绿色信用记录、募集资金所投项目的绿色程度和环境成本等纳入考察范围，并在评级报告中予以披露，并将绿色认证作为政府财税等优惠措施的前提和条件。具体来说，应着力培育本土第三方认证机构，提高绿色债券信息披露的透明性，吸引更多的优质投资者，降低绿色债券发行主体的发行成本。

2016 年 8 月 31 日，七部委发布《指导意见》指出要采取多种方式避免"洗绿"现象：要求建立和完善上市公司和发债企业的强制性信息披露机制，加大对伪造环境信息披露行为的处罚力度，降低信息不对称；引入第三方机构为上市公司和发债企业环境信息披露服务；引入独立第三方绿色认证评估，对绿色债券的绿色程度进行第三方评估；在绿色信贷方面明确贷款人的环境法律责任；将环境违法违规信息纳入金融信用信息基础数据库；强化对绿色资金使用的监管，等等。

2. 第三方认证是鼓励绿色金融快速发展以及降低市场运行成本的有效途径。从法规层面看，虽然我国现存管理规则中对第三方认证有部分原则性要求和规定，但在具体认证方法和标准以及认证主体的资格审核等方面仍存在不少空白，没能从最大程度上发挥第三方认证的作用（如部分企业借助第三方认证机构的力量将非绿色项目披上"绿色债券"的外衣，达到以更低成本、更长期限、更快速度融资的目的）。

专家建议，我国出台对第三方绿色认证的管理和实施细则等迫在眉睫，具体要从以下几方面着手：一是统一绿色项目的认定口径，建议由人民银行牵头，加强绿色债券相关监管部门（如金融监管部门、环境监管部门）和第三方认证机构的合作，提高国内绿色债券认证标准的权威性；二是提高绿色债券的信息公开程度，对选择第三方认证机构更加公开透明，同时接受政府部门监管；三是规范绿色评级，评级机构在未来评估债券时从量化角度对环境效益进行考察，以更直观和更具有公信力的表达方式做出审核；四是政府部门建立绿色企业评价系统，以量化指标评价绿色企业，如主营业务为绿色项目且绿色项目达到一定比例的企业可以认证为"绿色企业"。

2016 年 12 月，我国首个绿色债券支持项目评价标准出炉，中债资信发布了绿色债券评估认证方法体系，并首家构建绿债支持项目目录评估标准，以更好地服务绿色债券市场发展。该评估认证方法体系将募投项目环境效益进行了深绿（G1）、绿（G2）、较绿（G3）、浅绿（G4）以及非绿（NG）的绿色程度划分。

3. 尽快研究设计国内统一的绿色债券界定标准，确保发行人顺利融资、投资者积极投资，确保发行人使用绿色债券融资款项投资真正的"绿色项目"，为我国发展绿色产业、绿色经济服务。

4. 政府支持绿色债券的办法之一是给予投资者税收优惠，如西方大多数国家法律规定有价证券收益必须计入投资者收入总额并缴纳所得税。不过，为了促进绿色债券市场的发展，吸引投资者投资绿色债券，部分国家给予绿色债券投资者免缴收入所得税的优惠待遇，且取得了明显成果。借鉴国外先进经验，我国应对绿色债券投资者给予税收优惠政策待遇，以撬动更多的资本进入绿色债券市场，支持我国绿色产业的发展。

权威专家建议，未来我国还需围绕统一绿色债券界定标准、加大财税政策支持力度和完善绿色债券评级等几方面下工夫，加快我国绿色债券市场的发展。

四、绿色债券助力环保 PPP

按通常的理解，绿色债券冠以"绿色"二字，与普通债券在发行主体、结构上会有很大的不同。事实上，绿色债券并不是新型融资债券品种，在发行主体、结构上与普通债券并没有不同（目前我国债券市场上的债券品种都可以发行绿色债券）。"绿色"二字的含义，表示的是债券募集资金的投向是绿色产业、绿色项目，与绿色产业有着密切的关系。对于企业而言，绿色债券主要是为企业开辟新的融资渠道和节省融资成本，在我国大力推广 PPP 的当下，可以促进社会资本积极介入节能环保、清洁能源、绿色交通运输、绿色建筑等绿色 PPP 项目。

（一）社会资本需打通新融资渠道

大气污染、水污染、土壤污染……近年来，我国环境污染事件不断，引起社会的广泛关注，也对我国社会经济的发展造成很大的影响。因此，国家高度重视节能环保产业，"十三五"规划更是将节能环保产业视为我国经济发展的支柱之一。与此同时，当下我国经济增长放缓、国家大力推广 PPP。多方因素下，以 PPP 模式吸引社会资本尤其是环保类的社会资本进行环境治理成为政府的一项重要工作。

自 2014 年下半年以来，我国从中央到地方大力推进 PPP，全国掀起了 PPP 项目建设的热潮，一些具有典型性、示范性、可复制性的项目落地。虽然在 PPP 实践方面我国取得了较大成绩，但也不能忽视目前阻碍 PPP 发展的关键性问题，如社会资本融资渠道不畅、融资成本过高以及过度依赖银行信贷等。对于操作环保 PPP 项目的社会资本而言，其面临项目投资规模大、回报周期长等严峻挑战，需要借助外部资金的力量完成环保 PPP 项目的投资、建设和运营。研究发现，在多种金融工具中，绿色债券以其自身的多方优势受到社会资本的青睐，为社会资本打开新的低成本融资渠道，有助于其缓解环保 PPP 项目的融资难、融资贵等问题，最终促成环保 PPP 项目的快速落地。

需要重点指出的是，对环保企业发行绿色债券以投资环保 PPP 项目的一个利好环境是，当下我国已经成为全球最大的绿色债券发行市场，这为环保类社会资本发行绿色债券解决项目资金不足问题提供了广阔的空间。

（二）环保企业纷纷发行绿色债券

自 2016 年以来，我国环保企业在发行绿色债券方面风生水起，绿色债券成为环保类企业的重要融资工具。进一步研究发现，在这些大胆尝试发行绿色债券的环保企业中，既有国企、央企，也有实力不断壮大的民企；既有在资金、技术、管理方面有着强大综合实力的上市公司，也有实力不可小觑的非上市企业。可以说，环保企业在发行绿色债券方面呈现出一种"百花齐放"的态势。如 2016 年 8 月，北控水务集团有限公司发行绿色熊猫债，此后博天环境集团有限公司、北京清新环境技术股份有限公司、中国节能环保集团公司等环保类企业都陆续获批发行绿色债券，颇有一番"你方唱罢我登场"的意味。

2016 年 7 月 26 日，香港联交所上市公司北控水务集团有限公司（以下简称"北控水务"）发布就有关中国证监会批准公司向中国境内合格投资者公开发行金额不超过 47 亿元（人民币，下同）之熊猫债券①的公告。本期熊猫债券将分期发行，计划在上海证券交易所上市。首次发行总额 40 亿元。本期绿色公司债券募集资金将全部用于首批省级落地签约 PPP 项目之一的"洛阳水系综合整治示范段工程项目"。洛阳水系综合整治示范段工程 PPP 项目包含洛河及其支流瀍河两部分，其中洛河段全程约 5.5 公里，瀍河段全程约 5.2 公里。②

2016 年 9 月 26 日，央企首单绿色公司债——中国节能环保集团公司（以下简称"中节能"）发行的 2016 年绿色公司债券（第一期）正式挂牌上市。中节能此次绿色公司债注册规模 50 亿元，是迄今国内注册规模最大的绿色公司债。第一期债券发行规模为 30 亿元。募集资金投资用于四大类领域的 22 个绿色环保项目，是至今为止覆盖领域最广的绿色融资产品。

2016 年 10 月 14 日，北京清新环境技术股份有限公司（以下简称"清新环境"）收到国家发改委关于清新环境发行绿色债券核准的批复，清新环境发行不超过 10.9 亿元绿色债券。在所筹资金投向上：3.3 亿元用于莒南县域利用力源电厂余热回收集中供热及保障性住房（棚户区改造）供热配套工程项目，2.2 亿元用于大气治理核心装备生产项目，5.4 亿元用于补充营运资金。

2016 年 10 月 14 日，格林美股份有限公司发布公告称，该公司获国家发改委批准发行不超过 5 亿元绿色公司债券，债券期限 7 年，采用固定利率形式，单利按年计息。本期债券第 5 年末附设发行人

---

① 由境外非金融企业在境内发行的专门用于绿色项目的人民币债券，俗称"绿色熊猫债券"。

② 工程建设内容主要包括景观提升、亮丽工程、生态整治、监控预警信息化系统。项目建成后，将有改善河道水质、保存物种、提供水生动物栖息地等生态效益和提升河道泄洪能力。

调整票面利率选择权和投资者回售选择权。①

(三) 环保企业发行绿色债券的目的

调研发现,我国环保企业借国家大力支持绿色金融、健全绿色金融体系的有利时机,相继发行绿色债券,有如下几个目的:

1. 拓宽企业融资渠道,优化企业融资结构,为节能环保等绿色PPP 项目加速落地提供资金支持。

2. 降低融资成本。融资成本高一直是困扰环保类社会资本的问题。如上所述,近两年来,随着大批环保类或非环保类企业纷纷进入环保领域,导致环保类 PPP 项目杀价现象严重,环保企业普遍利润率下降。同时,环保产业越发成熟,行业毛利率步入下降通道。因此,如何降低投融资成本、使用低成本融资工具、创新投融资机制成为社会资本所关注的重点。分析认为,由于目前我国绿色债券发展尚处于探索阶段,相对于普通债券来说发行量较小,成本优势暂未显现。未来随着我国环保企业不断壮大、成熟,投资者的环保责任和社会资本不断增强,环保企业发行绿色债券的融资成本会越来越低。

(四) 绿色债券助力环保 PPP

2015 年 3 月,国际资本市场协会(ICMA)联合 130 多家金融机构共同出台绿色债券原则,指出绿色债券是指任何将所得资金专门用于资助符合规定条件的绿色项目或为这些项目进行再融资的债券工具。

---

① 本期债券募集资金中的 7,385 万元用于年产 5,000 吨镍钴铝三元动力电池材料前驱体原料项目,6,860 万元用于荆门市格林美新材料有限公司动力电池用氢氧化锂和碳酸锂材料项目,25,755 万元用于车用镍钴锰酸锂三元动力电池材料及其他配套废水综合利用系统,10,000 万元用于补充营运资金。

自 2015 年下半年以来，国家发改委、财政部、人民银行、证监会、环保部等多个部委陆续发文，要求充分发挥绿色债券融资作用，加快建设资源节约型、环境友好型社会。如 2016 年 3 月，上海证交所正式发布《关于开展绿色公司债券试点的通知》（上证发〔2016〕13 号），上海证交所将对绿色公司债券进行统一标识，以鼓励符合条件的各类机构投资者投资；2016 年 4 月，深圳证交所发布《关于开展绿色公司债券业务试点的通知》（深证上〔2016〕206 号），鼓励政府相关部门和地方政府出台优惠政策支持绿色公司债券发展，鼓励各类金融机构、证券投资基金及其他投资性产品、社会保障基金、企业年金、社会公益基金、企事业单位等机构投资者投资绿色公司债券。证券交易所开展绿色公司债券试点，将引导市场资金向绿色环保 PPP 项目倾斜，有助于操作 PPP 项目的社会资本通向资本市场的"快车道"。

随着中央银行、证监会、证交所等部门相继发文对绿色债券进行引导和规范，金融机构开始积极实践绿色债券的发行，以助力环保PPP。公开资料显示，2016 年初，某银行业金融机构发行境内首单绿色金融债券，发行规模为 200 亿元，债券期限为 3 年，年利率为固定利率 2.95%，此绿色金融债还获得了 2.02 倍的超额认购。该绿色金融债重点投放领域为雾霾治理、污染防治、资源节约与循环利用相关的重大民生项目以及具有重大社会影响力的环保项目，而重点投放区域为京津冀、长三角、环渤海、珠三角等我国经济发达地区，项目类型将覆盖《绿色债券支持项目目录》六大类中的深绿项目。

五、非上市民企绿色公司债支持 PPP

一直以来，民间资本是我国投资领域一支重要的力量甚至是中坚力量，但目前却有放缓的迹象。公开数据显示，自 2016 年以来，我国民间投资在全社会投资中的比重出现罕见下滑。如 2016 年第一季度，民间固定资产投资比重降至 62%，比 2015 年同期降低了 3.0 个百分点，比 2015 年全年降低了 2.2 个百分点。具体到国家大力推广的 PPP 领域（PPP 项目主要是基础设施建设项目和社会公用事业项目，涉及 19 个行业），民间资本参与的热情却并不尽如人意[①]，相反倒是央企、国企在本轮 PPP 热潮中唱主角。事实上，国家推广 PPP 的一个重要目的是吸引广大社会资本尤其是民间资本的进入，发挥民间资本的力量、灵活的机制和积极的热情拉动我国经济增长。

（一）民间资本进入 PPP 面临"三道门"

研究发现，民间资本之所以对 PPP 参与度不够，不是不想参与（此前权威部门和机构通过对我国民营企业家尤其是东部民营企业家的调研显示，相当多的民间资本对本轮 PPP 抱有很大的期待，希望在经济增长放缓、国家大力推广 PPP 的背景下参与到 PPP 的建设热潮中去），而是不能参与，无法参与，很大程度上归因于 PPP 法律法规不健全、各类风险因素大等诸多挑战，用形象的说法就是民间资本面临"三道门"的阻碍，即"玻璃门""弹簧门""旋转门"。具体来说，"玻璃门"即虽然有针对民间资本进入 PPP 的新政策，民间资本"看得见"却"进不去"，犹如隔了一层玻璃门；"弹簧门"即民间资本刚刚涉足 PPP 领域又被一些市场准入和进入门槛等"硬性政策"弹出；"旋转门"即民间资本与其他资本在 PPP 制度和规

---

① 2015 年 8 月 25 日，全国工商联发布的报告显示，2014 年，通过 PPP 等方式进入公共服务及基础设施建设与运营领域的民营企业 500 强共有 58 家，占比 11.6%，有意向进入的企业有 136 家，占比 27.2%。权威人士估计，目前在全国开展的 PPP 项目中，只有不到 5% 的"社会资本"来自名副其实的民营企业。而据民生证券研究院院长管清友统计，截至 2016 年 3 月末，全国 PPP 中心项目库中已签约项目 369 个，其中国企签约为 199 个，民企 170 个，从数量上看民企参与的 PPP 项目略少于国企，不过从签约项目总金额上看，国企签约的 PPP 项目金额达到 3,819.48 亿元，金额是民企的近 3 倍。

则面前看似平等，比如项目招标表面上一视同仁，实则设定某些条款将民间资本挡在门外，也就是"转着转着就转出门外了"。

（二）民间资本操作 PPP 项目面临资金困难

进一步研究发现，除了上述"三道门"的阻碍外，对民间资本而言，即使是能够进入 PPP 领域，也面临着不少困难，其中最大的困难之一是融资渠道不畅、融资成本高。以绿色 PPP 项目为例，众所周知，如节能环保领域的污水处理、垃圾处理等项目投资额均达数亿元，交通运输领域的轨道交通、地铁等项目投资额更是以百亿元计，即使是资金实力强大的大型国企、外资企业都需要借助资本市场的力量完成项目投资，对广大资金实力一般的民营企业来说，即使是有强烈意愿参与，也只能是"望洋兴叹"。

1. 在融资渠道方面，央企、国企以及外资具有先天的优势，其资信状况非民企所能比，表现在融资渠道方面就是：央企、国企、外资融资渠道多，银行业等金融机构支持力度大。具体来说，在提供资金支持方面，银行业金融机构出于风险因素的考虑，更倾向于支持国企、央企，对民企却非常慎重。

分析发现，在多种融资工具中，为社会资本提供资金支持的最好方式之一是发行债券，国家发改委《关于开展政府和社会资本合作的指导意见》（发改投资〔2014〕2724 号）明确提出："鼓励项目公司或合作伙伴通过成立私募基金、引入战略投资者、发行债券等多种方式拓宽融资渠道"，但在 AAA 级与 AA + 级的债券发行主体中，国有企业占据压倒性优势，民企通过债券融资困难重重。

2. 在融资成本方面，民营企业也处于劣势。PPP 模式主要针对的是城市基础设施建设和公用事业项目，项目特点决定了 PPP "赢利不暴利"的特点。通常情况下，一个 PPP 项目的投资回报率为年8% ~12%。如前所述，出于风险因素的考虑，金融机构对民营企业的担保要求更多，利率更高，与央企、国企相比，民营企业融资成本更高，其结果就是即使是面对同一个绿色 PPP 项目民间资本投资回报率更低，风险更大。

（三）打通民营企业低成本融资渠道，促进民间资本参与 PPP

总的来说，在与央企、国企、外资等 PPP 市场主体的竞争中，民企在融资方面明显处于劣势。为提高民间资本参与 PPP 的积极性，拉动我国经济增长，使国家重点推广 PPP 的初衷能够实现，必须为民间资本融资清除这个障碍。因此，国家需要通过金融创新，为民间资本打通融资渠道，提供更大的资金支持，满足民间资本的低成本融资需求。

以下是一例非上市民企通过发行绿色公司债券支持 PPP 项目的案例。作为非上市民企，博天环境集团股份有限公司（以下简称博天环境）通过发行绿色公司债券，成为我国绿色金融发展进程中的标志性事件，其意义在于打通了民营企业低成本融资的渠道（票面利率为 4.67%，此利率创 AA - 级民营企业公司债利率新低纪录），大大促进民间资本参与 PPP 的积极性（见案例 5 - 1）。

【案例 5 - 1】

2016 年 10 月 11 日，博天环境在上海证券交易所公开发行绿色公司债券，由此成为中国非上市民营企业"绿色债券"第一单。博天环境本次发行的绿色公司债券金额为 3 亿元（采用一次性发行方式），期限为 3 + 2 年，票面利率为 4.67%，主体评级为 AA -，债项评级为 AAA，担保方为中合担保。牵头主承销商和簿记管理人为西部证券，联席主承销商为中信建投。安永华明会计师事务所针对博天环境绿色产业项目实施了第三方独立认证，并出具债券发行前独立有限认证报告。根据博天环境公告，本次绿色公司债券募集资金拟用于 4 个污水处理厂建设项目，具体项目投资情况见表 5 - 3。

表 5 - 3　　　　博天环境绿色公司债券募集资金拟投项目　　　单位：万元

序号	公司名称	项目名称	项目投资总额	本次募集资金投入总额
1	灵宝博华水务有限公司	灵宝市第三污水处理厂及配套管网项目	14,278.40	9,000.00
2	原平市博华污水处理有限公司	原平市循环经济示范区污水处理厂项目	16,718.44	10,500.00
3	石嘴山市通用博天第一水务有限公司	石嘴山经济技术开发区东区工业污水处理厂项目	7,401.84	4,500.00
4	石嘴山市通用博天第二水务有限公司	宁夏精细化工基地污水处理厂项目	9,004,92	6,000.00
	合计		47,403.60	30,000.00

研究发现，博天环境发行本期绿色公司债券是我国绿色金融发展进程中的重要事件，其为急需资金支持快速发展的非上市民企以低成本方式绿色融资树立了榜样和标杆。对当下急需进入 PPP 领域尤其是绿色 PPP 领域的民间资本来说，有着重要的里程碑意义。

进一步而言，我国此前获得绿色金融的更多是央企、国企等，民营企业则常常处于缺位状态。博天环境发行本期绿色公司债券，扩展了绿色债券的发行对象，这说明我国的绿色金融越来越不受限于企业所有制形式，越来越回归"绿色"的本质即"支持节能减排技术改造、循环经济发展、污染防治、节能环保产业、低碳产业"，越来越支持真正"绿色"的项目，有利于推动我国绿色金融体系建设，促进我国的绿色发展。

六、环保企业发行绿色债券促进 PPP 项目落地

继 2016 年 10 月博天环境集团股份有限公司在上海证券交易所

公开发行绿色公司债券并成为我国非上市民营企业发行"绿色债券"第一单后，国内又有多家环保类的非上市民企欲发行绿色债券。通过发行绿色债券，环保类的社会资本获得充足的资金，从而可以促进绿色 PPP 项目的顺利落地。

以下是一例环保企业发行绿色债券投资一个污水处理 PPP 项目的案例，具有一定的典型性（见案例 5 - 2）。

【案例 5 - 2】

2016 年 11 月，一直专注于环保 PPP 项目的国内某环保水处理企业决定发行一单"绿色债券"，计划募集资金为 1 亿元，资金投向为在某市新建一座污水处理厂。

近年来，随着某市快速发展，现有污水处理能力远远无法满足居民生活污水和工业废水处理，从而严重制约了某市经济社会的可持续发展，新建一座污水处理厂十分紧迫。2015 年初，某市政府决定新建一座污水处理厂（以下简称本项目）。经过一系列 PPP 运作流程①，社会资本某环保水处理企业中标。本项目规模为污水处理量 5 万吨/日，管网工程截污管道约 40 千米，污水支管 100 千米，项目总投资约 1.6 亿元。社会资本某污水处理企业出资 5,000 万元作为自有资金，剩余资金通过对外融资解决。

由于本项目能够缓解某市水资源紧缺，通过先进技术节能降耗，保护某市生态环境，提高人民生活质量，实现某市经济社会可持续发展，因此某环保水处理企业计划发行"绿色债券"，主要原因一是

---

① 按照财政部 2014 年 12 月下发的《关于印发政府和社会资本合作模式操作指南（试行）的通知》（财金〔2014〕113 号），规范政府和社会资本合作模式（PPP）项目识别、准备、采购、执行、移交各环节操作流程，并对 PPP 项目采购方式作出详细规定，应按照《中华人民共和国政府采购法》及相关规章制度执行，采购方式包括公开招标、竞争性谈判、邀请招标、竞争性磋商和单一来源采购。项目实施机构应根据项目采购需求特点，依法选择适当采购方式。

能够打通融资渠道，缓解 PPP 项目的资金缺口；二是"绿色债券"较普通债券利率更低，社会资本融资成本更低，从而实现 PPP 项目更高的收益率。

在具体的节能降耗和环保上，某环保水处理企业通过采取如下措施，获得了绿色债券发行监管部门、承销商和广大投资者的认可。

1. 本项目能耗

本项目能耗包括：污水、污泥处理设备的电耗，生活及照明等能耗，化学除磷所需的药耗，生产、生活及消防用水。

2. 本项目工艺选择

污水处理工艺的选择根据设计进水水质、处理程度要求、用地面积和工程规模等多因素进行综合考虑。选择合适的污水处理工艺，不仅可以降低工程投资，而且有利于污水处理厂的运行管理以及减少污水处理厂的常年运行费用，保证出厂水水质。本项目污水处理工艺的选择力求做到：

（1）出水水质应满足国家和地方现行的有关标准、法规。

（2）近远期结合、全面规划。布置上采用以近期工程为主，远期控制发展，并为远期规划留有余地的原则。根据发展建设情况分阶段逐步实施，更好地发挥投资效益。

（3）充分考虑污水处理厂进水水质指标和要求处理达到的出水水质指标，并考虑污水排放现状、受纳水体的环境容量与可利用情况，经比较决定优先采用低能耗、运行费用低、基建投资少、占地省、操作管理简便的成熟处理工艺。

（4）重视环境的保护，臭气的防护，噪声的控制。

3. 节能设计范围及技术措施

为降低建设和未来运营的成本，本项目大量使用节能技术，主要包括以下几个方面。

（1）技术措施：对整个系统按照环境系统工程学的原理进行优

化，合理确定污水处理厂设备的数量和组合。污水管网的布置尽量考虑地形因素，减小管道埋深和动力提升，从而从系统上降低能耗。管线综合的基本原则是：污水、污泥工艺管道流程顺畅，平面布置在保证管线功能的前提下使管线尽可能短；竖向布置在满足最小覆土深度要求的条件下使各种管线埋深尽可能浅；当管线交叉时，原则上压力管道让重力管道，小管道让大管道，高程布置将电力、自控、通信线路及管沟放在最上层，中层是给水管道、小口径污水、污泥压力管道，最下层是大口径污水、污泥管道、厂区内雨污水排水管道。在合理情况下，对污水处理厂尾水预留了重复利用的接口，从而提供了后期节约水资源的技术基础。

（2）设备措施：污水处理系统的各类设备均采用节能型设备，并结合自动控制系统对设备的开停进行精密控制，降低能耗。设计中考虑采用高效、节能型设备，对水泵考虑加设变频设备，并按规划期 2020 年流量安装水泵降低电耗。

（3）管材选用：通过技术经济比较，大部分选用 HDPE 管，这种管材内壁光滑，摩阻系数 $n = 0.010 \sim 0.009$，水流流经管道的水头损失要比混凝土管小，这对重力流管的位能消耗也相对减少，为污水管网形成重力流提供了良好的条件。

（4）运行措施：在运行中需要根据水量合理调度，近远期管线水泵损失相差较大，设备按近远期两种工况选用，并且精心保养设备，使设备处于良好状态。项目建成后，主要运行费用是电费，电耗主要用于污水提升、输送和处理。降低运行费用的重要手段是通过节能措施来降低电耗，本工程将通过以下措施降低电耗：

采用合理的照度标准和照明控制方式，选用高效光源及节能型灯具，节省照明用电。厂区道路照明采用感光自动控制，建筑物内灯具控制根据生产要求及自然采光情况分组控制。合理控制窗墙比，采用可见光透射比较高的玻璃窗，充分利用自然采光，减少照明开灯时间。

对配电网进行无功补偿，按要求配备无功补偿装置，提高设备的运行功率因数，保证功率因数不低于 0.95，以减少无功功率在线路上传输，降低线损。

选择低能耗的节能型配电变压器，并使变压器处于合理的负载区间和能耗最小的经济运行方式，可大幅度降低变压器损耗。

罗茨鼓风机是全厂能耗的主要设备，采用专业控制系统并根据运行中积累的科学数据，结合池内溶解氧参数，控制空气的流量；通过反应池空气流量控制设备，将所需的压力参数传给鼓风机控制柜，调节鼓风机的开启台数和导叶片角度，从而调整供气量，保证气量的均匀、适量，避免过度曝气造成的浪费。

污水处理厂出水充分回用于脱水机冲洗、厂区绿化、道路浇洒、冲洗车辆等，减少新鲜水用量。在满足生产要求和环境保护情况下，尽量减少补充水。

4. 节能效果

采取节能措施后，本项目经济社会效益明显。污水处理、污泥处理为收费处理项目，每年新增污水处理费收入约 4,500 万元，新增污泥处理费收入约 3,500 万元。同时，污水处理厂、污泥处理厂、雨水调蓄系统和污水管网运行维护将新增就业岗位约 700 个。根据本项目节能评估报告书，本项目年综合耗能折标煤估算为 7,950 吨（等价值）、3,750 吨（当量值）。经综合评估分析，本项目符合国家有关节能法律、法规、规章和绿色产业政策，达到了行业节能的标准和设计规范，资源综合利用较好。

第六章　绿色基金支持绿色 PPP

要大力推动绿色 PPP，急需创新绿色金融工具，而绿色基金是支持绿色 PPP 的重要金融工具之一。所谓绿色基金，是指专门针对节能减排、低碳经济和环境优化改造项目而建立的专项投资基金，其通过资本性投入促进节能减排事业发展。为加快我国绿色 PPP 项目落地，解决社会资本资金不足、动力不够等问题，近两年来，我国从中央到地方先后推出规模不等的绿色基金。

一、从中央到地方相继成立 PPP 产业基金

不管是央企、国企、外资，还是民企、混合所有制企业，在具体操作 PPP 项目的过程中，各类社会资本尤其是民间资本普遍面临资金不足的问题。为解决此类问题，给予社会资本以资金支持，提高社会资本参与 PPP 项目的积极性，以尽快促进我国 PPP 项目的落地，中央和地方政府明确倡导设立 PPP 产业基金。自 2014 年以来，我国多地成立 PPP 产业基金。

（一）国家出台一系列支持 PPP 产业基金的政策

在我国大力推广 PPP 模式和环保形势日益严峻的大背景下，通过金融创新，建立 PPP 产业基金，是支持我国 PPP 发展的重要手段之一，也是推动我国 PPP 项目快速落地的重要路径之一。

2015 年 4 月，国务院发布《基础设施和公用事业特许经营管理

办法》，允许对特许经营项目开展预期收益质押贷款，鼓励以设立产业基金等形式入股提供项目资本金，支持项目公司成立私募基金，发行项目收益票据、资产支持票据、企业债、公司债等拓宽融资渠道；2015 年全国"两会"，李克强总理在政府工作报告中指出，大幅放宽民间投资市场准入，鼓励社会资本发起设立股权投资基金，政府采取投资补助、资本金注入、设立基金等办法，引导社会资本投入重点项目；2015 年 5 月，国务院办公厅转发财政部、发改委、人民银行《关于在公共服务领域推广政府和社会资本合作模式指导意见》的通知（国办发〔2015〕42 号），特别指出中央财政出资引导设立中国政府和社会资本合作融资支持基金，作为社会资本方参与项目，提高项目融资的可获得性，鼓励地方政府在承担有限损失的前提下，与具有投资管理经验的金融机构共同发起设立基金，并通过引入结构化设计，吸引更多社会资本参与；2015 年 12 月，财政部下发《关于财政资金注资政府投资基金支持产业发展的指导意见》（财建〔2015〕1062 号），规范设立运作支持产业的政府投资基金，财政资金注资设立政府投资基金支持产业，要坚持市场化运作、专业化管理，以实现基金良性运营，基金的设立和运作，应当遵守契约精神，依法依规推进，促进政策目标实现。

具体来说，PPP 产业投资基金的主要模式有三种：一是由省级政府出资成立引导基金，再以此吸引银行、基金、信托等金融机构资金合作成立产业基金母基金，各地申报的项目经过金融机构审核后，母基金做优先级，地方财政做劣后级承担主要风险；二是由金融机构联合地方国企发起成立的有限合伙基金，一般由金融机构做 LP 优先级，地方国企或平台公司做 LP 的次级，金融机构指定的股权投资管理人做 GP，这种模式下整个融资结构以金融机构为主导；三是由有建设运营能力的实业资本发起成立产业投资基金，在与政府达成框架协议后，通过联合银行等金融机构成立有限合伙基金对接 PPP 项目。

(二) 中央和地方纷纷推出 PPP 产业基金

为促进我国 PPP 项目的快速落地，解决社会资本尤其是民间资本的资金不足、动力不够等问题，近两年来，我国从中央到地方先后推出规模不等的 PPP 产业基金。2015 年 9 月 30 日，财政部发布消息称已联合 10 家机构[①]共同设立中国政府和社会资本合作（PPP）融资支持基金，总规模 1,800 亿元人民币，基金将重点支持公共服务领域 PPP 项目发展，提高项目融资的可获得性。此外，各地政府也加快设立 PPP 产业基金的步伐，有的省（区）产业基金规模甚至高达上千亿元（见表 6-1）。

表 6-1　　　各地政府设立支持 PPP 的基金（部分）

序号	时间	地区	内容
1	2014 年 8 月	重庆市	重庆市设立产业引导股权投资基金，将以 45.5 亿元撬动各类社会资本共约 155.5 亿元对工业、科技、现代服务业等 6 大领域进行股权投资
2	2014 年 12 月	河南省	河南省政府与建设银行、交通银行、浦发银行签署"河南省新型城镇化发展基金"战略合作协议，总规模将达到 3,000 亿元
3	2015 年 6 月	江苏省	江苏省财政厅发起设立"江苏省 PPP 融资支持基金"，基金规模人民币 100 亿元，每 20 亿元为一只子基金。基金出资人分为两部分，一是财政出资人，即省财政厅；部分市、县财政局。二是其他出资人即若干家银行机构；保险、信托资金；其他社会资本
4	2015 年 6 月	河南省	河南省首次公布总规模为 50 亿元的《河南省 PPP 开发性基金设立方案》。根据方案，这项基金旨在撬动更大规模的社会资本参与到基础设施和公共服务设施领域项目建设中，并促使数以万亿元的社会资本 PPP 项目资金落地

---

① 10 家机构分别为中国工商银行等国有五大商业银行，中国光大集团股份公司、中国中信集团有限公司、中国邮政储蓄银行股份有限公司、全国社会保障基金理事会、中国人寿保险（集团）公司。

序号	时间	地区	内容
5	2015年7月	贵州省	贵州省成立了首家PPP专业产业基金投资管理公司——贵州PPP产业基金投资管理公司，该公司由贵州省投融资管理有限公司和苏交科集团股份有限公司联合发起，计划首期募集基金20亿元，基金投向贵州省基础设施领域的政府与社会资本合作项目
6	2015年8月	山东省	山东省设立PPP发展基金，自2015年起至2017年引导基金出资80亿元，吸引银行、信托以及专业投资机构等金融和社会资本出资1,120亿元，参股设立12只子基金，总规模1,200亿元
7	2015年9月	四川省	四川省财政厅印发《PPP投资引导基金管理办法》，PPP投资引导基金由财政出资10亿元发起，对社会资本的撬动比预计达1:5左右
8	2015年9月	云南省	云南省印发了《云南省政府和社会资本合作融资支持基金设立方案》，拟设立规模在50亿元以上的基金
9	2015年10月	新疆维吾尔自治区	新疆设立第一批自治区PPP政府引导资金，基金由自治区与相关金融机构按1:9比例建立。自治区出资100亿元，招商银行和浦发银行各出资450亿元，基金规模1,000亿元
10	2015年11月	山西省	山西省财政厅与北京首创集团、兴业银行共同发起设立"山西省改善城市人居环境PPP投资引导基金"，撬动社会资本投入到城市基础设施建设和运营中。山西省财政和北京首创集团各出资2亿元，兴业银行3倍配比出资12亿元，设立16亿元的母基金。在此基础上，先期选择有成熟的符合城市人居环境PPP项目的市县，设立子基金。子基金由当地财政出资发起，吸收基金管理机构和社会资本出资，银行按3倍配比出资构成，可带动投资规模850亿元以上
11	2016年2月	河北省	河北省成立全国第一个区域性基金PPP京津冀协同发展基金，基金总规模初步拟定为100亿元，在三年内分批落实到位，其中，河北省财政出资10亿元作为引导基金，银行机构、保险、信托资金以及其他社会资本出资90亿元

（三）金融机构以基金形式介入 PPP 项目

在社会基础设施建设项目和公用事业项目由传统的以政府为主导的模式转向 PPP 模式后，从金融机构业务来讲也面临着一个转型的问题。事实上，银行业金融机构面对 PPP 模式下蕴藏的巨大商机也有着浓厚的兴趣，意欲在这个大市场分得"一杯羹"，有的银行甚至开始系统性、有针对性地布局万亿元 PPP 大市场，而其介入 PPP 的方式之一便是基金形式。

（四）PPP 产业基金促进 PPP 项目加速落地

1. 如上所述，PPP 产业基金可以解决各类社会资本投资 PPP 项目的资金不足问题，降低社会资本的融资风险，从而提高社会资本投资 PPP 的积极性。

2. 在产业基金的参与下，社会资本可以适当减少出资规模（不过，按 PPP 法规政策，社会资本需要绝对控股，即在 PPP 项目公司中社会资本方的占比要超过 50%），降低投资风险。

3. 有了产业基金的入股，政府部门也是 PPP 项目的股东之一，需要尽到股东的义务，因此可以提高政府对 PPP 项目的监管力度，重视 PPP 项目全生命周期的各类风险，这对 PPP 项目的建设、运营和维护都大有裨益。

4. PPP 产业基金是社会资本参与 PPP 项目的一个增信手段，有中央级、省级引导基金的参与，社会资本对投资 PPP 项目会更有信心，投资力度也将更大，各类 PPP 项目也会更快落地。

二、绿色基金助推社会资本介入绿色 PPP

全球第一只绿色投资基金在美国产生，其极大地提高了美国社会经济的生态效益。随后，世界各地的主要市场也相继推出了许多绿色基金。

有政府参与的产业基金已经为我国的 PPP 项目落地作出了突出的贡献，被证明是解决社会资本投资 PPP 项目资金不足的成功之道。同样的道理，建立有政府参与的绿色产业基金，对我国绿色 PPP 项目的推进将起到至关重要的作用。实践经验表明，如果有政府背景的股权基金（通常情况下是母基金）投资于绿色 PPP 项目，则可以为绿色 PPP 项目本身增信，有效吸引社会资本跟投。也就是说，绿色产业基金可以激励更多的社会资本投入到符合绿色经济和绿色产业发展的绿色 PPP 项目。

（一）各地设立绿色基金

公开资料显示，2009 年，广东绿色产业投资基金成立，该基金由广东省科技厅、深圳市国融信合投资股份有限公司、香港建基国际集团有限公司合作设立。基金规模为 50 亿元，金融机构再给予 200 亿元贷款配套，总规模 250 亿元，主要投向广东省节能减排等绿色产业；我国"一带一路"战略将生态环保、防沙治沙、清洁能源等列为重点发展产业，2015 年 3 月，"绿色丝绸之路股权投资基金"① 启动，首期募资 300 亿元，首个投资项目规模 50 亿元，拟在河北京张生态走廊区域投资集发电、种树、种草、养殖于一体的立体式生态光伏产业；2015 年 11 月，山西省财政厅与北京首创集团、兴业银行共同发起设立"山西省改善城市人居环境 PPP 投资引导基金"（该投资引导基金重点用于城市供水、供气、供热、污水处理、垃圾处理、地下综合管廊、轨道交通等领域的 PPP 项目），其中，山

---

① 该基金由亿利资源集团、泛海集团、正泰集团、汇源集团、新华联集团、均瑶集团、中国平安银行、中（国）新（加坡）天津生态城管委会联合发起。该基金为全球首只致力于丝绸之路经济带生态环境改善和生态光伏清洁能源发展的基金。

西省财政出资 2 亿元，北京首创集团出资 2 亿元，兴业银行 3 倍配比出资 12 亿元，设立 16 亿元的母基金，在此基础上，先期选择有成熟的符合城市人居环境 PPP 项目的市县设立子基金；2015 年 5 月，绿地集团与建设银行、上海建工、建信信托共同发起成立中国城市轨道交通 PPP 产业基金，轨道交通基金的总规模为人民币 1,000 亿元，分期发行，首期规模人民币 240 亿元，期限为 5 + 3 年。基金管理公司组织形式为有限责任公司，注册资本为人民币 1,000 万元（暂定），由发起人共同出资，出资比例暂定为建信信托 34%、绿地集团 33%、上海建工 33%，三方利益共享，责任共担。

近年来，我国环保类的基金发展很快（见表 6 - 2）。如 2015 年 6 月，重庆成立了重庆环保产业股权投资基金，该基金是由政府主导的环保产业股权投资基金，计划利用 10 亿元基金杠杆撬动 40 亿 ~ 50 亿元社会资本，主要支持生态环保企业；2016 年 1 月，内蒙古自治区环保基金由自治区政府和 4 家合伙企业共同发起成立，政府引导性资金作为"环保母基金"，"环保母基金"初始规模达 40 亿元，按 1:5 吸收社会资本再次放大后，基金投资规模可达 200 亿元，用于治理项目的基金投资可达千亿元以上，将在很大程度上缓解内蒙古自治区环境治理资金短缺的压力。

（二）绿色基金与绿色 PPP "双轮驱动"绿色产业

1. 绿色基金主要用于大气染污治理、水污染治理、土壤污染治理、清洁能源、绿色交通运输、绿色建筑和生态环境保护等领域，绿色基金可以大大促进我国绿色产业的发展。2016 年 8 月，人民银行、财政部、国家发改委等七部委发布的《关于构建绿色金融体系的指导意见》（银发〔2016〕228 号）指出"支持设立各类绿色发展基金，实行市场化运作。中央财政整合现有节能环保等专项资金设立国家绿色发展基金，投资绿色产业，体现国家对绿色投资的引导和政策信号作用。鼓励有条件的地方政府和社会资本共同发起区域性绿色发展基金，支持地方绿色产业发展。支持社会资本和国际资本设立各类民间绿色投资基金。政府出资的绿色发展基金要在确保执行国家绿色发展战略及政策的前提下，按照市场化方式进行投资管理"。"地方政府可通过放宽市场准入、完善公共服务定价、实施特许经营模式、落实财税和土地政策等措施，完善收益和成本风险共担机制，支持绿色发展基金所投资的项目"。

2. 目前，我国重点推广的 PPP 领域一共有 19 个行业，其中，重点行业有节能环保、轨道交通、污水处理、垃圾处理、清洁能源等，这些行业都是我国"绿色发展"的重点内容，也是属于绿色 PPP 的重要范畴。将 PPP 模式应用在绿色投资相关领域，可以推动我国绿色可持续发展。

（三）绿色基金支持绿色 PPP

建立公共财政和社会资本合作的 PPP 模式绿色发展基金，可以提高社会资本参与我国绿色产业、发展绿色经济的积极性。

1. 绿色基金是绿色金融的重要内容之一，可以促进社会资本加大对绿色 PPP 项目的投入力度。国内外经验表明，绿色基金是支持绿色 PPP 项目的重要方式，可以有效吸引社会资本尤其是民间资本跟投，这对促进绿色 PPP 项目落地大有裨益。

2. 参考一般产业基金支持 PPP 的政策、方式和效果，可以为绿色基金支持绿色 PPP 提供宝贵借鉴。一方面，绿色基金需要金融机构，与一般产业基金有类似之处；另一方面，绿色基金重点支持的是节能环保、清洁能源、绿色交通运输、绿色建筑等领域的绿色 PPP 项目，需要各类金融机构在资金额度、融资成本方面予以倾斜。

（1）国家和地方政府在既有的支持 PPP 产业基金的政策上，还应该重点出台专门的支持绿色基金的政策。如通过放宽准入、减免税收和财政补贴等优惠措施来支持绿色基金的发展。

（2）设计绿色基金支持绿色 PPP 的结构和投资方向。在结构上，金融机构重点与从事绿色产业、投资绿色项目的实业资本发起成立绿色投资基金，直接对接绿色项目；在投资方向上，确保绿色基金的资金投向为绿色 PPP 项目。

（3）设计合理的回报机制，为增强绿色基金支持绿色 PPP 项目的积极性，明确基金的回报机制是非常必要的。依据绿色基金的构成，采取优先与劣后的形式，将金融机构和产业资本出资人作为优先级，政府出资人作为劣后级，优先保障金融机构和产业资本投资人的权益。

（4）设计完善的退出机制。绿色 PPP 项目具有投资规模大、回报周期长的特点。因此，绿色基金投资 PPP 项目公司后，完善的退出机制十分重要：一是项目清算退出，即 PPP 项目公司完成项目任务或阶段性投资任务后，绿色投资基金通过 PPP 项目公司清算或注册资本减少的方式退出；二是股权回购/转让，即 PPP 项目公司完成项目任务或阶段性投资任务后由政府、社会资本进行股权回购或者将股权转让给政府、社会资本或其他投资者；三是资产证券化，即 PPP 项目公司运营成熟后 IPO 上市，或者将 PPP 项目公司资产注入上市公司、发行资产证券化产品等，绿色基金获得投资收益，实现投资退出。

表 6 - 2　2015 年 3 月—2016 年 11 月全国设立的环保产业并购基金

序号	名称	具体内容
1	盛运环保拟合设投资基金 100 亿元	盛运环保 2016 年 11 月 28 日晚间公告称，拟联合长城（天津）股权投资基金管理有限责任公司、长城国泰（舟山）产业并购重组基金合伙企业设立桐城长盛投资中心（有限合伙）（待定）。本次拟设立投资基金总规模为 100 亿元，其中一期为 50 亿元。公司与长城（天津）、长城国泰分别以货币出资形式认缴 15 亿元、1 万元和 35 亿元，公司占出资比例的 29.99994%。投资领域包括城市固废治理、水务治理、大气环境治理、城乡环卫一体化、智慧环卫城市等，项目建设运营主要采取 PPP、BOT + EPC 模式等。

序号	名称	具体内容
2	雪浪环境兄弟企业 4.2 亿元参与发起环保产业并购基金	无锡雪浪环境科技股份有限公司（简称雪浪环境）公告称，雪浪环境实际控制人杨建平控股的另一家公司无锡惠智投资发展有限公司（简称惠智投资）（杨建平出资 850 万元，占 85%）已经联合西藏金缘投资管理有限公司（简称西藏金缘）、无锡创业投资集团有限公司（简称无锡创投）、无锡梁溪创业投资有限公司（简称梁溪创投）和无锡金茂创业投资管理中心（有限合伙）（以下简称无锡金茂创投）四家企业于 11 月 24 日签订了《无锡雪浪金茂环保产业投资企业（有限合伙）合伙协议》（简称合伙协议）上述五家企业将联合发起设立无锡雪浪金茂环保产业投资企业（有限合伙）（简称"合伙企业"或"基金"）该基金总投资为人民币 5 亿元，其中，惠智投资出资 4.2 亿元，为最大股东。合伙企业经营期限为 5 年，其中，惠智投资作为有限合伙人（LP），出资 4.2 亿元；无锡创投作为有限合伙人（LP），出资 6,000 万元；梁溪创投作为有限合伙人（LP），出资 1,000 万元；西藏金缘作为普通合伙人（GP），出资 900 万元；无锡金茂创投作为有限合伙人（LP），出资 100 万元。
3	大禹节水成立总规模 50 亿元大禹节水水利产业投资基金	2016 年 8 月，大禹节水公告称，成立大禹节水水利产业投资基金，总规模 50 亿元。公司与中国建设银行甘肃省分行共同签署了《大禹节水水利产业投资基金战略合作协议》，拟与建行甘肃省分行共同投资设立大禹节水水利产业投资基金，规模为人民币 50 亿元，其中公司拟使用累计不超过 10 亿元自有资金。
4	东方园林设立三只环保产业基金规模 25 亿元	东方园林 2016 年 7 月 13 日公告称，公司与上海久有股权投资基金管理合伙企业（有限合伙）签署《关于设立东方久有环保产业基金（有限合伙）之合作协议》。由双方指定公司作为普通合伙人发起设立"东方久有投资中心（有限合伙）"（暂定名），基金规模为 10 亿元人民币。同日公告称，公司与华西金智投资有限责任公司签署《关于设立华西东方环保产业基金（有限合伙）之合作协议》。双方合资设立基金管理公司（以下简称"基金管理公司"），由基金管理公司发起设立"华西东方环保产业基金（有限合伙）"（暂定名），基金规模为 5 亿元人民币。另外，公司与中银国际投资有限责任公司签署《关于设立中赢东方环保产业基金（有限合伙）之合作协议》。双方合资设立基金管理公司（以下简称"基金管理公司"），由基金管理公司发起设立"中赢东方环保产业基金（有限合伙）"（暂定名），基金规模为 10 亿元人民币。

序号	名称	具体内容
5	三维丝：发起设立环保产业并购基金规模不低于5亿元	2016 年 6 月 16 日，三维丝与华鑫宽众投资有限公司在上海签订《厦门三维丝环保股份有限公司与华鑫宽众投资有限公司共同发起设立环保产业并购投资基金（有限合伙）之框架协议》。双方共同发起设立华鑫——三维丝环保产业并购投资基金，并购基金的认缴出资总额拟不低于人民币5亿元，投资方向限于与三维丝战略发展规划相关的环保企业，主要方式为优化三维丝现有产业、并购、新建、合作经营等。
6	永清集团：与长沙银行共建200亿元环保产业基金	2016 年 5 月 25 日，永清集团与长沙银行正式签订设立环保产业基金的战略合作协议。这是湖南首只环保产业基金。根据协议约定，双方达成200亿元的综合金融产品合作意向，以此共同推动全省绿色产业发展、PPP项目和环保领域项目建设。协议明确，长沙银行将利用在信息、知识、人才、产品等方面的综合优势，为永清集团及其所辖子公司的产业发展和重点项目在资本运作、项目融资、资产重组、收购兼并等方面提供全方位的金融服务，有效支持永清进行战略调整和产业升级。
7	中国天楹：联合华禹基金设立50亿元并购基金	中国天楹2016年5月23日晚间公告称，拟与中节能华禹基金管理有限公司共同发起设立中节能华禹绿色产业并购基金，并购基金规模不超过人民币500,000万元（根据实际投资时的资金需求确定）。
8	北控水务与星景资本设立投资基金	2016 年 5 月 19 日，北控水务集团与复星集团成员企业、复星地产旗下专业 PPP 股权投资平台——星景资本在北京正式签署股权合作协议，成立北控星景水务股权投资管理有限公司，同时发起北控星景水务基金，投资建设国内水务及相关水环境领域项目，并致力于将其打造为国内最具规模和影响力的水务环境股权投资基金。
9	东江环保：合作设立总规模30亿元产业并购基金	东江环保2016年3月23日公告称，公司与中信国安（深圳）基金管理有限公司、深圳市汇海远方投资管理有限公司于2016年3月22日签订《东江环保产业并购基金框架协议》，合作设立东江环保产业并购基金，主要用于投资环保产业（包括但不限于水环境治理、固废治理、土壤环境生态修复、第三方环境服务）领域内的优质企业及资产。东江并购基金为契约型基金，由国安基金牵头设立，总规模30亿元人民币；其中东江并购基金第一期的规模为12亿元人民币。

序号	名称	具体内容
10	永清环保——参与设立 15 亿元环保新能源产业基金	2016 年 3 月 14 日，永清环保股份有限公司发布公告，公司拟与长沙思诚投资管理有限公司、深圳榛果投资管理企业（有限合伙）共同出资设立永清长银环保产业投资基金（有限合伙）。基金总规模暂定为 15 亿元。其中，永清环保出资 4.45 亿元，深圳榛果投资管理企业（有限合伙）出资 10.5 亿元，长沙思诚投资管理有限公司出资 0.05 亿元，后续可根据需要进行基金续发。主要方向为投资节能环保、新能源领域，寻找和培育节能环保及新能源领域的优质项目，或通过收购上述领域企业的股权，延伸公司环保领域的产业链等。
11	环能科技、江南水务、＊ST 华赛等发起设立 50 亿元环境产业基金	四川环能德美科技股份有限公司与江南水务、西藏禹泽投资管理有限公司、深圳华控赛格股份有限公司、内蒙古泰弘生态环境发展股份有限公司，于 2016 年 3 月 7 日签订《禹泽环境产业基金合作框架协议》，各方同意共同发起设立围绕环境产业项目投资运作的产业基金。基金总规模预计为人民币 50 亿元，首期规模为人民币 15 亿元。投资范围包括深圳华控赛格股份有限公司中标的"海绵城市"、"黑臭水体"等环保部试点 PPP 项目公司股权；为 LP 上市公司并购提供过桥融资；参与环保行业相关上市公司定向增发或大股东减持的大宗交易；环保技术研发、高端设备制造及环境监测评估机构的股权投资及其他经全体合伙人一致同意的环保产业类项目。
12	山鹰纸业：参与发起设立 5 亿元产业并购基金	山鹰纸业 2016 年 2 月 5 日公告，公司全资子公司山鹰投资管理有限公司与深圳市时代伯乐创业投资管理有限公司于 2 月 4 日签署了《关于发起设立产业并购基金之协议》，旨在促进本公司在新材料、节能环保、高端装备制造等战略领域的投资并购，推动公司的产业升级，提升公司的内在价值，以及为投资人在股权投资及收购兼并市场创造价值回报；山鹰资本与时代伯乐共同发起设立山鹰时代伯乐产业并购基金（暂定名），基金规模 5 亿元，山鹰资本及募集的投资人出资 2 亿元，占基金总规模的 40%。根据协议，山鹰时代伯乐产业并购基金规模 5 亿元，由山鹰资本、时代伯乐共同发起设立，作为普通合伙人，山鹰资本和时代伯乐各出资 1%。有限合伙人中，山鹰资本及募集的投资人出资比例为 39%；粤科基金出资比例约为 20%；时代伯乐募集的投资人出资比例为 59% - 粤科基金份额比例。

续表

序号	名称	具体内容
13	内蒙古设立"环保母基金"初始规模40亿元	2016年2月，内蒙古自治区政府引导性资金和包商银行、内蒙古交通投资有限责任公司、中国建筑集团、双良节能上市公司4家企业共同投资发起组成"环保母基金"。2016年基金的初始规模为40亿元，其中政府引导性资金10亿元。基金主要用于解决城镇污水处理厂建设、城镇生活垃圾无害化处理等政府职责范围内的公共环境问题，支持企业解决污染治理设施建设运行和污染物综合利用过程中资金投入不足的问题，推动环境治理技术的研发、应用和第三方治理服务市场的形成与发展。"十三五"期间，内蒙古"环保母基金"总规模将达200亿元，用于环保治理项目的基金投资可达千亿元以上。
14	云投生态：成立20亿元环保产业并购基金	云投生态2016年2月公告，拟出资500万元与上海银都实业（集团）有限公司设立云投保运股权投资基金管理公司，并拟出资1亿元与银都实业共同发起设立云南云投生态环保产业并购基金，总规模拟不超过20亿元人民币，其中第一期基金募集目标规模10亿元。基金投资领域包括生态环保行业、环境工程行业、生态文化旅游行业、能源管理服务等。
15	南方泵业设立环保科技并购基金初期10亿元	2016年1月20日，南方泵业与北京中核全联投资管理有限公司签署《关于南方泵业股份有限公司同中核全联投资共同发起成立环保科技并购基金框架性协议》，达成共同出资设立环保科技产业并购基金的初步意向，初期基金规模不超过10亿元，后续根据项目情况逐步扩大规模。
16	格林美拟联合设立10亿元智慧环保云产业基金加速"互联网+环保"布局	2016年1月19日，格林美发布公告称，公司拟与江苏广和慧云科技股份有限公司，并联合双方确认的第三方慧云环保（湖北）有限公司，共同设立"格林美智慧环保云产业基金"。格林美智慧环保云产业基金以有限合伙形式设立，基金规模不超过10亿元人民币，出资总额1.5亿元，其中，格林美认缴6,000万元，慧云股份认缴4,000万元，慧云环保认缴5,000万元，其余资金以募集方式解决。该基金拟以互联网、大数据和环保产业为投资方向，拉动政府国资平台及金融资本，投资智慧环保分布云网络平台建设及采购用于政府的信息化与废物处理的解决方案，服务于各地的智慧信息化与废物处理服务市场。开展以湖北省为立足点，辐射中国主要地区的智慧化与环保化业务，在格林美优势业务地区进行智慧环保网络平台的投资建设布点，并为城市投资采购信息化与环保化解决方案，推动城市与城乡绿色发展。

续表

序号	名称	具体内容
17	东湖高新拟投资参设环保产业基金规模 10 亿元	2016 年 1 月 19 日，东湖高新披露，公司拟出资 1 亿元与关联方湖北多福商贸有限责任公司、非关联方北京金州环保发展有限公司及渤海信托共同投资上海胥诚股权投资基金合伙企业（有限合伙）。出资完成后，基金公司总规模为 10 亿元，该基金主要用于投资环保产业领域内的优质企业及投资上述产业的投资机构或投资基金。
18	盛运环保拟参设产业并购基金	2016 年 1 月 14 日，安徽盛运环保（集团）股份有限公司与德阳长盛基金拟设立长盛环保产业基金管理公司。可以设立各环保子基金，各子基金发起设立后将以环保固废行业为投资方向，投资方式以股权投资为基础，对于涉及环保固废行业并购重组的投资，可采取股权＋债权的组合投资方式。各子基金总规模原则上不超过 20 亿元人民币。
19	华测检测参与设立钛和常山产业投资基金规模 2.5 亿元	2016 年 1 月 4 日，华测检测认证集团股份有限公司的全资子公司深圳华测投资管理有限公司拟与钛和（常山）资本管理有限公司合作设立钛和常山创业投资合伙企业（有限合伙）。基金规模为 2.5 亿元人民币（最终规模以实际募集金额为准）。其中华测投资作为有限合伙人认缴出资 3,000 万元人民币，钛和资本作为普通合伙人认缴出资 4,000 万元人民币，浙江华弘投资管理有限公司作为有限合伙人认缴出资 1 亿元人民币，常山县产业投资引导基金有限公司作为有限合伙人认缴出资 3,000 万元人民币，苏州工业园区股份有限公司作为有限合伙人认缴出资 2,000 万元人民币，王则江作为有限合伙人认缴出资 3,000 万元人民币。
20	盛运环保与国开金泰拟设 50 亿元并购基金	2015 年 12 月 4 日，盛运环保公告称，公司与国开金泰资本投资有限责任公司日前签署了战略合作框架协议，拟共同设立并购基金，规模为 50 亿元，共分 2 期，首期并购基金规模为 20 亿元，投资领域以盛运环保主营垃圾发电相关的固废产业及相关上下游产业为主。
21	再升科技发起设立 5 亿元环保产业并购基金	2015 年 11 月 19 日公告，再升科技 18 日与福建盈科创业投资有限公司签订合作协议，拟共同发起设立"再升盈科节能环保产业并购基金"。该基金总规模 5 亿元，公司拟作为有限合伙人出资 1.5 亿元。根据协议，基金规模初定为 5 亿元，首期到资 20％，其余资金根据并购需要分期出资。其中，再升科技或其法定代表人郭茂任基金的发起人及有限合伙人，出资 1.5 亿元；福建盈科任基金的发起人及普通合伙人，负责出资 1,000 万元，并负责基金募集、设立、投资、管理等工作。基金存续期为 5 年。该基金的投资方向为符合再升科技产业发展方向的节能环保产业（包括但不限于空气治理、水治理和节能保温行业等领域）。

序号	名称	具体内容
22	上风高科参与设立 30 亿元环保并购基金	2015 年 11 月 11 日公告，浙江上风实业股份有限公司拟与盈峰资本管理有限公司、易方达资产管理有限公司、深圳市纳兰德投资基金管理有限公司、马刚先生、刘开明先生共同出资设立深圳市盈峰环保产业基金管理有限公司（暂定名）。盈峰环保基金管理公司设立后，公司拟与盈峰环保基金管理公司共同设立盈峰环保并购基金。环保产业并购基金总规模预计为 30 亿元人民币（根据发展需要可调整）。首期规模不低于 3 亿元人民币，存续期为 5 年。
23	文科园林拟与东方富海发起设立产业投资基金	2015 年 8 月 19 日公告，文科园林拟与深圳市东方富海投资管理有限公司（简称"东方富海"），共同发起设立深圳市前海富海文科生态环保产业投资基金（有限合伙）（暂定名）。并购基金总认缴出资额目标为 7.1 亿元：普通合伙人出资 1,000 万元，其中文科投资出资 450 万元，东方富海出资 550 万元；有限合伙人出资 7 亿元：其中文科园林出资 1 亿元，东方富海出资 1 亿元，社会募集的优先资金，出资 5 亿元。合伙企业经营期限为 7 年，前 5 年为投资期。主要投资领域包括：（1）景观园林及生态治理；（2）土壤修复、水污染治理、固废处理、环境监测；（3）资源循环利用；（4）节能技术；（5）清洁能源、新能源汽车；（6）其他新兴产业。
24	东湖高新拟出资设立环保产业并购基金规模 24 亿元	2015 年 8 月 30 日公告，武汉东湖高新集团股份有限公司拟与联投集团、光大浸辉合作设立东湖高新环保产业并购基金合伙企业（有限合伙），基金总规模 24 亿元，用于投资新兴战略性产业（包括但不限于节能环保、新兴信息产业、生物医药产业、新能源、集成电路、高端装备制造业和新材料）领域内的优质企业。其中东湖高新拟认缴 3 亿元。
25	高能环境发起设立环保并购基金规模 10 亿元	2015 年 6 月 17 日公告，北京高能时代环境技术股份有限公司拟与上海磐霖资产管理有限公司发起设立"磐霖高能环保产业投资基金合伙企业（有限合伙）"。基金专注于环保产业投资，主要投资领域为危废处理、垃圾发电、高浓度工业污水处理和基于物联网技术的固废管理系统等。基金总规模拟为 10 亿元，其中，高能环境出资总额为 3 亿元，占基金份额的 30%，其中首期出资 9,000 万元。磐霖资本作为基金的普通合伙人，出资额为 1,000 万元，占基金份额的 1%，其中首期出资 300 万元。其余资金的募集主要由磐霖资本负责。

续表

序号	名称	具体内容
26	鲁丰环保拟设环保并购基金转型升级规模15亿元	2015年7月14日,鲁丰环保发布公告称,为促进业务转型升级,培育和开拓新的核心业务,公司实际控制人于荣强和北京星际联盟拟与其他机构共同合作设立专门以环保节能相关细分产业投资整合为目的的并购投资基金,基金规模计划不超过15亿元人民币。该基金将作为支持鲁丰环保产业并购整合的平台,推进鲁丰环保快速转型升级。据悉,该并购基金主要精选环保节能行业中成长性强、技术含量高、具有行业发展前景的细分领域开展投资、并购、整合等业务,并对并购的环保节能资源进行培育管理。
27	盛运环保设6亿元基金增资4个垃圾发电项目	2015年7月14日公告称,盛运环保拟与兴业银行成立规模为6亿元的并购夹层基金,由桐城兴晟安投资合伙企业(有限合伙)通过股权增资方式,用于招远、凯里、拉萨、枣庄等4个垃圾发电项目建设。并购夹层基金总规模6亿元,募集资金交由桐城兴晟向招远、凯里、拉萨等3个盛运环保电力有限公司和枣庄中科环保电力有限公司,分别增资1亿元、1.5亿元、2亿元、1.5亿元。
28	梅安森参设环保基金拓展"物联网＋环保应急"领域规模10亿元	2015年6月16日公告,重庆梅安森科技股份有限公司拟与重庆环保投资有限公司、上海金选投资管理有限公司、重庆市环保产业投资建设集团有限公司及环保基金管理公司共同发起设立重庆环保产业股权投资基金,首期规模为人民币10亿元,其中公司拟使用自有资金10,000万元认购其基金份额,占环保基金首期募集总额的10%。
29	兴源环境等发起设立产业并购基金规模30亿元	2015年5月,兴源环境与人民网(北京)新兴产业投资管理有限公司共同发起设立产业并购基金,总规模预计30亿元人民币,投资方向为环境治理服务、环保产品生产及医疗产业等优质项目或企业。总规模预计30亿元,首期不低于4亿元,其中兴源环境首次出资不超过1亿元,基金将投向环境治理服务及环保产品生产等。
30	富望财富发起设立环保投资基金规模8,000万元	2015年5月,富望财富与上海富程环保工程有限公司签署协议,共同发起设立富程环保定向股权投资基金。该基金总规模8,000万元人民币。存续期为3年。公司作为基金的有限合伙人,首期出资2,000万元。首期其余资金,即6,000万元,由富望财富负责对外募集。富望财富关注于高成长的环保项目,而上海富程环保作为华东地区环保工程市场的佼佼者,是富望财富布局大环保事业的重要一环,据富望财富公告称,富程环保将于2015年下半年上市。

171

序号	名称	具体内容
31	先河环保投资设立环保产业基金规模 5 亿元	2015 年 4 月 24 日公告，为加快公司产业升级和发展步伐，充分利用资本市场做优做强环境监测及相关产业，打造公司"产业＋资本"的双轮驱动发展模式，先河环保决定与上海康橙投资管理股份有限公司合作发起设立上海先河环保产业基金合伙企业（有限合伙）。环保产业基金目标规模为人民币 5 亿元，公司作为基金的有限合伙人（LP）认缴出资人民币不高于 5,000 万元，康橙投资作为基金的普通合伙人（GP）认缴出资人民币 500 万元，其余资金由康橙投资负责募集。环保产业并购基金将作为公司的资产整合平台，围绕公司战略发展目标，对环境保护相关行业进行股权投资。
32	南方汇通设立 10 亿元环保产业并购基金	2015 年 4 月 22 日，南方汇通发布公告，公司将以现金投资 300 万元与北京智德盛投资有限公司、双方派出管理团队代表李宏宇、唐龙刚共同投资 1,000 万元设立北京智汇资本管理有限公司，并将联合设立规模不超过 10 亿元的"智汇节能环保产业并购基金"。根据协议，公司为有限合伙人认缴 1 亿元，占首期规模的 10%。公司通过节能环保并购基金加快外延式扩张步伐，在水资源化、节能环保领域抢占行业制高点。公司有望成为未来"中车集团"旗下环保类新兴产业培育平台，从而打开市值成长空间。
33	美晨科技发起设立并购基金规模 30 亿元	2015 年 4 月 9 日，美晨科技公告，公司拟与常州燕湖资本管理有限公司、西藏鼎晨资产管理有限公司、自然人孙乐、常州燕湖永泰投资中心（有限合伙）共同发起设立中植美晨产业并购基金，并购基金的总规模为不超过 30 亿元，首期出资金额不超过 5 亿元。并购基金将围绕互联网＋汽车后市场相关领域，互联网＋节能环保相关领域开展投、融资业务，依托此平台迅速做大做强美晨科技的产业并购业务。
34	万邦达携手昆吾九鼎设立 20 亿元环保产业基金	2015 年 3 月 3 日，万邦达与昆吾九鼎投资管理有限公司（简称"昆吾九鼎"）签署了战略合作协议，公司拟联合昆吾九鼎或其指定的关联方在上海自贸区共同发起设立万邦九鼎环保产业投资基金，基金总规模 20 亿元，首期规模不低于 5 亿元，存续期为 5 年。万邦达称，基金将作为公司并购整合国内外环保产业优质资源的平台，聚焦"大环保"产业链上下游具有重要意义的相关标的，充分发掘在工业水处理、市政水处理、烟气治理、固废处理处置、节能减排等方面的投资机会，服务于公司的外延发展，与主业成长形成双轮驱动，巩固和提高公司的行业地位。

资料来源：全联环境商会。

三、绿色基金支持低碳高速公路 PPP 项目

一方面，我国交通运输如城市轨道交通投资面临资金缺口大的问题，急需以 PPP 模式引进社会资本；另一方面，社会资本自身也面临资金不足的困难。因此，为了缓解政府财政压力、提高社会资本投资交通运输 PPP 的积极性、降低社会资本的投资和运营风险，国家需要从"绿色金融"的角度给予社会资本以支持，包括绿色信贷、绿色债券、绿色基金、绿色保险等。以绿色基金为例，国家通过绿色基金引导社会资本介入交通运输 PPP 项目，解决社会资本资金不足的问题，降低社会资本的融资风险，从而提高社会资本投资交通运输 PPP 项目的积极性。

以高速公路为例。经过二十多年的持续快速发展，我国已建成世界上规模最大的高速公路系统。作为国民经济的重要基础，高速公路在建设和运营过程中消耗大量能源和排放大量温室气体，对生态环境造成影响，高速公路发展走低碳可持续发展的道路迫在眉睫。所谓低碳高速公路，根据专家的权威解释[1]，主要是按照三低三高（低能耗、低排放、低污染和高效能、高效率、高效益）的核心价值理念，在规划、设计、施工、运营、养护等阶段中，将绿色低碳理念贯穿于整个过程中，把降低能耗及排放纳入核心建设目标，运用全寿命周期理论进行科学规划设计，在建设施工过程中采取新材料、新工艺、新方法、新能源，在运营养护阶段采用节能减排措施。下面是一起高速公路 PPP 案例，项目以绿色低碳为理念，全过程采用绿色低碳技术，全方位进行绿色低碳管理，实现了高效能、高效率和高效益（见案例 6 - 1）。

---

[1]　解释来源为《全寿命、多视角、全方位建设绿色低碳高速公路》一文，作者：李忠奎，张毅。

【案例6-1】

我国西部某市资源丰富，既有享誉国内外的旅游资源，又有开采价值很高的矿产资源尤其是煤炭资源。然而，由于某市交通基础设施较为薄弱，很大程度上影响了本市与周边地区尤其是与省会城市的经济交流，制约了某市的经济社会发展。因此，某市政府决定新建一条通往省会城市的高速公路（以下简称本项目）。本项目建成后，将改善某市交通运输条件，大大缩短与省会城市及沿线城市的时空距离，具有重要的社会效益和经济效益：方便人民群众出行；给当地矿产资源开发、运输创造良好条件；有利于降低物流成本；提升当地投资环境，有利于当地政府吸引投资；有利于某市及沿线地区旅游资源的开发，促进旅游业的发展。项目按照低能耗、低排放、低污染和高效能、高效率和高效益的核心价值理念设计、施工、运营，树立了一个低碳高速公路PPP项目标杆。

本项目路线全长约28公里，总投资约33亿元，建设期两年半。项目采取PPP模式，经过一系列PPP流程，某绿色交通运输基金采取入股方式和某公路工程公司、某交通规划勘察设计公司共同组成联合体，各方共同出资成立具有独立法人资格的PPP项目公司。项目运营期限25年（含两年半建设期）。PPP项目公司主要负责本项目的投资、建设和运营管理，并享有特许经营期内本项目的车辆通行费收费权、区域内广告经营权以及停车服务经营权等主要权利。以下为本项目环境影响分析及节能效果分析。

1. 环境影响分析

（1）生态环境影响分析

①施工期对植被的影响：一是永久占地造成的植被永久性生物量损失；二是临时占地造成地表植被暂时性破坏，植被恢复需要一定时间。本项目用地总规模约360公顷，主要包括农用地约300公顷、建设用地约10公顷；拟占用未利用地约50公顷。

②项目营运期植被影响主要为汽车尾气及交通车流造成的扬尘污染，在采取有效绿化措施及公路路况良好的情况下，对周边植被不会造成较大影响。

③项目建设对沿线野生动物的影响。本建项目施工期大量的人流车流涌入，会进一步加深人类活动对于野生动物的影响。除少数与人类活动密切相关的动物外，多数野生动物会采取趋避的方式远离施工区域。本项目道路阻隔主要影响对象为两栖和爬行类等活动能力较差的动物类群，由于本项目为全封闭式高速公路，对上述两类野生动物阻隔效应明显，桥梁、隧道和涵洞的设置可为这些动物提供有效的通道，有助于降低这种阻隔效应。

④项目建设对沿线珍稀保护动植物的影响。本项目评价范围（公路中心线两侧 300 米）内共发现需要保护的古树 10 株，均达到了国家规定的古树标准。从保护古树的角度出发，尽量避免对古树的移栽，采取原地加护栏的保护措施；在线路无法避让的前提下，需要采取异地移栽的保护措施加以保护。

（2）声环境影响分析

①施工期噪声影响。本项目施工中将使用多种大中型设备进行机械化施工作业，噪声值高而且无规则，对施工场地附近的村镇、学校等声环境敏感点产生较大影响。为减轻施工噪声对敏感点的影响，施工单位应根据场界外敏感点的具体情况采取必要的降噪措施。

②营运期噪声影响。运营时汽车运行产生的噪声是最主要的公路污染源之一，随着本项目建设完成后交通量的逐步增加，其等效声级也会逐步增大，对沿线敏感点的影响也有加强的趋势。根据环评噪声预测结果对敏感点有针对性地采取设隔音墙、隔声窗等措施，降低公路建设对声环境的影响。

（3）地表水环境影响分析

①施工期水环境影响。本项目施工期对沿线地表水体的影响主

要包括跨河桥、涵施工、施工营地生活污水、路基路面施工生产废水排放以及建筑材料运输与堆放对水体的影响等。

1) 跨河桥、涵施工作业对水环境的影响：一是工程在河中均无桥墩基础施工，但河流附近钻孔灌注桩泥浆在循环过程中往往会由于钻渣的沉积，导致沉淀池中泥浆淤积产生溢洒，造成对周围为水体的污染；二是跨河桥、涵施工机械设备漏油、机械设备维修过程中的残油，若直接排入水体，将会对水体造成一定的油污染；三是施工时物料、油料等堆放在两岸，若管理不严、遮盖不密，则在雨季或暴雨期受雨水冲刷进入水体；四是施工垃圾等固体废物分散堆放，可能进入水体造成污染。

2) 建筑材料运输与堆放对水体环境的影响。路基的填筑以及各种筑路材料的运输等产生的粉尘随风飘落到路侧的河流中，尤其是靠路较近的河流，将会对河流产生一定的影响。

3) 路基路面施工生产废水。在路基开挖、填筑、路面铺设等施工过程以及施工机械运行中将产生一定量的施工废水，如不采取相应措施加以防护流入河流等水体将会对其水质产生一定的影响。

4) 隧道施工生产废水。隧道施工废水主要有施工过程中产生的岩粉和其他颗粒尘土、隧道内各种工程机械渗漏油以及隧道涌水带出的地层泥浆、泥沙等，如果任其排放，可能污染附近河流等地表水体。

5) 施工营地生活污水影响。由于各施工营地使用期长，施工人员相对集中稳定，产生的生活污水直接排入周边水体会对环境产生一定影响。

②营运期水环境影响分析。本项目建成运营后，随着交通量的逐年增加，沉降在路面上的机动车尾气排放物、汽车泄漏的油类以及散落在路面上的其他有害物质也会逐年增加。上述污染物一旦随降水径流进入水体，将对水体的水质产生一定影响。

（4）环境空气影响分析

环境空气的影响主要表现在公路运营期汽车尾气污染以及空气中的扬尘所产生的影响，此外在施工期内某些施工机械、汽车运土、爆破开挖等会产生扬尘污染。本项目沿线环境空气质量现状好，大气环境容量较大，所在区域植被茂密，总体上汽车尾气对环境空气的影响不大。采取在隧道通风口和隧道出、入口周围选择生命力强、耐污染的树种等措施，降低汽车尾气污染物对植物、植被的影响，对周围大气污染物起到净化作用。施工期可通过合理布置场地、加强管理等措施来减缓对环境空气的影响。

（5）生态环境保护措施

严格遵照环境保护"三同时"原则进行公路建设，为了使项目的建设能够与环境保护有机地结合起来，可在设计期、施工期、营运期分别采用如下一些措施。

①设计期环境保护措施。合理的规划设计是做好工程建设环境保护最根本的手段。本项目在设计过程中，严格按照《公路建设项目用地指标》进行设计，尽可能减小对生态环境的影响。

②施工期环保对策措施。施工期是工程的实施阶段，也是极易导致生态环境破坏的一个时期，水土流失、植被破坏主要发生在这个阶段，按照环境保护"三同时"的原则，各项主要的环境保护措施均需在此阶段实施完成。

1）施工期植被保护与恢复措施。开工前对施工临时设施的规划要进行严格的审查，以达到既少占农田、林地，又方便施工的目的。严格控制路基开挖施工作业业面，避免超挖破坏周围植被。工程施工过程中，严格按设计要求将弃渣运往指定的堆放场地，禁止随意堆弃。

2）野生动物保护。宣传野生动物保护法规，打击捕杀野生动物的行为。做好工程完工后生态环境的恢复工作，以尽量减少植被破坏对动物栖息地的不利影响。

③营运期环保对策措施。主要的工作是对运行汽车的管理和持续进行一些植被恢复、绿化美化的工作。依法管理、适时监测是营运期减轻环境污染的重要措施。及时实施道路两侧的绿化工程，并加强对绿化植物的管理与养护，保证成活。尤其应注意在景观敏感的跨越河流处采取相应的绿化措施，协调桥梁和河畔景观。强化道路沿线固体废弃物污染治理监督工作，要求运输含尘物料的汽车应加盖篷布。

④营运期动物保护措施。针对本项目动物保护重点在于两栖类和爬行类的保护上，由于高速公路为全封闭式公路，两栖爬行类动物栖息地被切割阻碍了其种群间的交流。营运期应注意涵洞两侧的绿化保护，通过涵洞两侧的绿化带可对动物形成引导通道，有利于动物自绿化带穿越涵洞，从而降低高速路修建的阻隔影响。

⑤景观环境保护措施

景观保护重在设计，应在设计初期就针对特殊的景观保护点和区段采取针对性的设计，使道路景观与沿线各个类型景观相互协调。

2. 节能措施

（1）工程建设期间的节能管理

高速公路工程建设阶段对汽、柴油、电力的消耗，主要集中体现在路基工程、路面工程、桥梁工程、隧道工程等方面的施工上，本项目能源消耗情况如下：消耗汽油 350 吨，柴 18,900 吨，用电量 13,380 万千瓦时。因此，应加强建设期间的节能管理。主要措施如下：

①公路管理机构的节能管理。制定并实施节能管理工作规章制度，对施工机械的能源消耗实行定额管理。

②施工单位节能管理。施工时通过合理施工组织，提高机械使用效率，可以适当减少能源消耗；确定合适的取弃土场，减少取弃

土运距等，均能显著减少取弃土和油耗；建立健全能源消耗原始记录和设备能耗台账，按照交通运输部《原材料、能源统计报表制度》的规定，向上级报送能源消耗报表，同时应报送统计分析报告；加强机械施工组织及设备管理，提高能源效率。

③重点耗能设备用能管理。购置或新造重点耗能设备时，应本着选用能耗低、效益高、技术先进的原则，对购置或新造、设计的机型提出节能要求，同时对机械设备的技术先进性、能耗水平和经济效益等进行评估、审查。

（2）道路运营设施节能设计

本项目运营期间能源消耗主要是隧道的通风和照明用电，节能可通过以下优化设计手段来实现：充分比较选出经济实用、能耗低的通风方案；设备选型上尽量采用节能型设备；优化监控管理方案，尽量避免隧道内出现交通阻滞状况；在照明供电设计上尽量采用先进技术，提高供电效率，延长使用寿命；隧道通风及照明设备优先选用节能设备和节能灯具，充分利用太阳能等可再生能源。

（3）燃油节约总量计算，本项目营运期内累计节约燃油共约11亿升，折合为126万吨标准煤，节能效果较为显著。

四、绿色环保基金支持某节能供热PPP项目

近年来，我国雾霾问题严重，按环保部门统计数据，导致雾霾的重要原因之一便是烧煤，我国煤炭使用对空气PM2.5年平均浓度的贡献估算在51%~61%之间。目前我国煤炭消费主要集中在电力和工业领域，二者占煤炭消费量的比例超过80%。我国目前约有70万台工业锅炉，这些锅炉燃煤效率低，大部分燃烧方式粗放，缺少末端处理环节。此外，散煤燃烧是造成大气污染的另一重要原因。燃烧散煤取暖对环境的污染非常严重，散煤由于温度低，燃烧不充

分，产生大量的颗粒物、二氧化硫、一氧化碳等污染物，对周围环境产生严重污染。因此，采取先进的技术节能供热成为燃眉之急。

以下是一例绿色环保基金支持的节能环保PPP项目（见案例6-2）。

【案例6-2】

某市位于我国东北地区，人口有100多万人。多年来，某市城区大部分区域和农村冬季供热采取的都是烧煤小锅炉分散供热方式。这种供热方式有几大弊端：一是大多数没有配置除尘装置和脱硫脱硝设施，排放超标，导致环境污染情况严重，对居民身体健康有害；二是供热质量差，供热能力无法满足人民群众的需要。为保障居民供热需求，改善城市环境质量，某市决定建设一个环保集中供热项目（以下简称本项目）。

经过充分研究，某市决定以PPP模式运作本项目。通过公开招标，某绿色环保基金与某环保公司组成的联合体中标，双方组成PPP项目公司。本项目总投资约8亿元，PPP项目公司负责项目的投资、融资、建设和运营。某绿色环保基金和某环保公司组成的联合体之所以在激烈的竞争中脱颖而出，有两个关键的原因：一是某绿色环保基金投资入股，缓解了某环保公司的资金不足问题，降低了某环保公司的投资风险，也是一种增信措施；二是某环保公司拥有"全自动光电供热锅炉"专利，该锅炉具有非常好的节能环保效果。

1. 某环保公司全自动光电供热锅炉是一项国家发明专利，该产品采用光辐射聚焦加热的原理①，经国家有关部门鉴定，产品性能、技术含量、产品质量、节能减排等方面指标均达到国际领先水平。

---

① 光是一种能量表现的形式，高密度的光能可产生热能。全自动光电锅炉通过电光源转换为光能，再通过一套聚焦系统把散射到三维空间的光能聚焦到一个指定区域，在这个区域产生1,000多度的高温。

在供热的同类产品中，美国的A品牌蓄热式电锅炉是世界上最先进的产品之一，受到世人瞩目，年产销量300万台以上。通过多项技术指标的对比可明显地看出本项目全自动光电供热锅炉的优势所在，见表6-3、表6-4、表6-5、表6-6。

表6-3 全自动光电供热锅炉与美国A品牌电锅炉安全性价比对比

产品名称	工作状态泄漏电流	整机绝缘电阻	评比
全自动光电供热锅炉	≤0.002Ω	≥500MΩ	远超标准
美国A品牌电锅炉	≤0.75Ω	≥50MΩ	合格

由表6-3数据可以看出全自动光电供热锅炉工作状态泄漏电流更低，整机绝缘性更高，在安全性上更胜美国A品牌电锅炉，全自动光电供热锅炉更安全可靠。

表6-4 全自动光电供热锅炉与美国A品牌电锅炉性价比对比

产品名称	电热转换率（%）	每100 kW供暖能力（m³）	投资额
全自动光电供热锅炉	93	1,580（高）	低
美国A品牌电锅炉	68.6	1,143（中）	高

由表6-4数据可以看出全自动光电供热锅炉电热转换率很高，供热能力更强，价格又低，性价比比美国A品牌电锅炉更好。

表6-5 全自动光电供热锅炉与美国A品牌电锅炉性能对比

美国A品牌电锅炉			全自动光电供热锅炉		
功率 kW	升温100 ℉水量 L/h	参考供暖面积	功率 kW	升温100 ℉水量 L/h	参考供暖面积
4	62	55	4	86	76
8	125	110	8	172	152
12	187	165	12	260	228
18	280	247	18	388	342
24	374	330	24	517	456
30	467	412	30	646	570

注：℃ =（℉ - 32）/1.8。

由表 6 - 5 数据可以看出在同等功率的情况下，全自动光电供热锅炉水升温速度较慢，但是供热面积明显提高。

2. 本项目能耗主要为生产设备的电能消耗，总装机容量 2,000kW，年生产耗能 90 万 kW·h；项目生产过程中不使用水，但用于车间清洗及生活用水，年用水量为 1,000m³。综上所述，耗能指标见表 6 - 6。

表 6 - 6 耗能指标计算表

序号	燃料名称	单位	年需要量	预测价格	总价（万元）
1	水	m³	1,000	0.5 元/t	0.05
2	电	万 kW·h	90	0.75 元/kW·h	67.5
3	柴油	t	3	7,800 元/t	2.34
合计					69.89

投用光电锅炉替代原来的散煤燃烧，不仅提升供热效率，还减少了污染物排放。本项目建成后，预计年可减少二氧化碳排放 13 万吨、二氧化硫 90 万公斤、氮氧化物 30 万公斤，对改善某市空气质量、降低 PM2.5 排放起到不可低估的作用。

3. 本项目在建设过程中严格按照"三同时"要求，确保污染治理设施与生产设施一起投入运行。施工期施工场地扬尘对周围敏感点影响小，对环境影响较小；施工过程产生少量废水，排放量不大，污染物浓度低，对周围水环境质量影响较少，不外排，对区域环境影响较小；各类施工机械产生的施工噪声，源强一般在 90 ~ 105dB（A），运输噪声部分要求企业在经过敏感点地方减速慢行，避开敏感时段，禁止鸣笛等减少施工运输噪声对周围敏感点的影响；施工期的固体废弃物主要有建筑垃圾及施工人员的生活垃圾，施工建筑垃圾用做填平场地处理，不外排，对周围环境无影响。项目营运期本项目不存在大量废水排放现象和有污染的废料产生。

4. 环境管理措施方面，施工废水应经沉淀池沉淀后上清液排放，堆泥干化后外运填埋；在工程施工中运输料石、水泥等易产生扬尘的车辆须覆盖篷布，临时堆放的土石方、料场及临时道路等必要时应洒水；采用先进的施工工艺和低噪声设备，合理安排施工时间，采取必要的隔声降噪措施，确保施工噪声达到《建筑施工场界噪声限值》（GB 12523—60）。

第七章　绿色证券与绿色 PPP

作为十万亿级 PPP 大市场重要领域的绿色 PPP，其也需要借助资本市场的力量。绿色 PPP 项目投资规模巨大，无论是节能环保、清洁能源还是绿色交通运输，投资额均在数亿元、数十亿元以上，尤其是轨道交通、地铁等绿色 PPP 项目投资规模更是超过百亿元。因此，上市公司投资绿色 PPP 项目，需要通过在资本市场上以直接融资的方式获得投资所需资金。

一、发展绿色证券正当其时

绿色证券是指上市公司在上市融资和再融资的过程中，要经由环保部门进行环保审核。绿色证券是继绿色信贷、绿色保险之后的第三项环境经济政策。

（一）国内外绿色证券发展情况

公开资料显示，绿色证券制度是在 1992 年联合国环境与发展会议以后在可持续发展理念被广泛接受的背景下逐步发展起来的。从 1993 年开始，美国证券管理委员会要求上市公司从环境会计的角度对自身的环境表现进行实质性报告。此后，英国、日本、欧盟等各国政府和国际组织进行了多种证券市场绿色化的尝试和探索。

绿色证券是监管部门从企业融资的角度继绿色信贷、绿色保险政策之后推出的限制环境污染、发展绿色产业的又一重要举措。我国绿色证券开始于 2001 年国家环境保护总局《关于做好上市公司环保情况核查工作的通知》（环发〔2001〕156 号）；2008 年 1 月，中国证监会发布《关于重污染行业生产经营公司 IPO 申请申报文件的通知》（发行监管函〔2008〕6 号）规定，"从事火力发电、钢铁、水泥、电解铝行业和跨省从事环发〔2003〕101 号文件（即《关于对申请上市的企业和申请再融资的上市企业进行环境保护核查的通知》）所列其他重污染行业生产经营活动的企业申请首次公开发行股票的，申请文件中应当提供国家环保总局的核查意见，未取得相关意见的，不受理申请"。2008 年 2 月，原国家环境保护总局联合中国证监会等部门推出一项新的环境经济政策《关于加强上市公司环境保护监督管理工作的指导意见》（环发〔2008〕24 号，以下简称《指导意见》）指出，未来公司申请首发上市或再融资时，环保核查将变成强制性要求。我国要构建一个以绿色市场准入制度、绿色增发和配股制度以及环境绩效披露制度为主要内容的绿色证券市场，从资金源头上遏制高污染高能耗企业的无序扩张。《指导意见》要求省级环保部门严格执行环保核查制度，做好上市公司环保核查工作并提供相关意见。对于核查时段内发生环境违法事件的上市公司，不得出具环保核查意见，督促企业按期整改核查中发现的问题。而证监会不得通过未出具环保核查意见的企业的上市申请，同时督促上市企业的环境信息披露，监督企业的环境行为。为促进上市公司特别是重污染行业的上市公司真实、准确、完整、及时地披露相关环境信息，增强企业的社会责任感，国家环保总局将与中国证监会建立和完善上市公司环境监管的协调与信息通报机制。

　　近几年，我国多家银行业金融机构积极开展绿色证券的实践，运用证券市场工具帮助绿色项目融资，如 2014 年 5 月 8 日，由浦发银行主承销的 10 亿元中广核风电有限公司附加碳收益中期票据在银行间市场成功发行，发行期限 5 年，利率 5.65%①。

（二）发展绿色证券的必要性

1. 面对严峻的环境污染问题和企业违法、违规排放行为，此前我国主要依靠行政手段来解决。不过，实践证明单靠行政手段（如曝光、行政罚款等）力度不够、效果不佳，结果也不理想。相反，污染企业在交完行政罚款后，转而将这些"支出成本"转化成生产成本，从而推高销售成本，最终由消费者为企业的环境污染罚款买单，并没有从根本上起到限制企业污染环境的目的，反而陷入"环境污染—行政罚款—推高产品价格—消费者买单—环境污染"的恶性循环之中。

具体对上市公司而言，由于缺乏对上市公司的环保监管，导致涉污的拟上市公司"带病上市"，或者上市后利用资本市场融得的资金继续扩大环境污染，或者融资后不按照承诺将所融资金真正用在节能环保等绿色项目和绿色产业上，其影响远超非上市企业所造成的环境污染影响（公众普遍认为，上市公司无论是管控机制、社会责任、经济贡献等都强于非上市企业，一旦上市公司在资本市场融资后造成环境污染，其造成的负面影响和评价远超非上市企业）。因此，为阻止那些环境高风险的涉污上市公司通过资本市场直接融资，大大降低其扩大污染的几率，通过发展绿色证券、严格环保审核是解决环境污染、发展绿色经济、低碳经济和循环经济的重要途径。

2. 绿色 PPP 也需要借助资本市场的力量。如上所述，绿色 PPP 项目具有投资规模巨大的特点。以轨道交通为例，轨道交通项目每公里投资就高达六七亿元。如深圳地铁一期工程总投资约 105 亿元，

---

① 债券利率由固定利率与浮动利率两部分组成，其中浮动利率部分与发行人下属 5 家风电项目公司在债券存续期内实现的碳（CCER）交易收益正向关联，浮动利率的区间设定为 5 个基点到 20 个基点。

二期工程总投资约 800 亿元；北京地铁 4 号线是我国城市轨道交通领域的首个 PPP 项目，总投资预算为 153 亿元人民币；又如南京地铁 5 号线总投资约 313 亿元。因此，绿色产业上市公司投资绿色 PPP 项目，需要信贷支持、发行债券或者在资本市场直接融资的方式获得投资所需资金。

（三）发展绿色证券的建议

研究认为，目前，我国绿色金融体系中，绿色信贷是最主要的绿色融资模式，而绿色证券则是最有潜力的绿色融资模式。证监会相关负责人指出，作为绿色金融体系的重要组成部分，资本市场"十三五"期间应着力从五个方面推进绿色金融和责任投资的发展，包括积极支持绿色企业上市融资和再融资、建立和完善上市公司与发债企业强制性环境信息披露制度、大力支持绿色金融产品的开发、继续发展绿色债券市场、推广责任投资理念。

1. 绿色证券法律空白亟待填补

从美国、日本、欧盟等绿色证券发达市场来看，完备的绿色证券法律法规体系是发展绿色证券的重要前提和保障。虽然我国发展绿色证券已经取得了一定成果，但总的来说仍然处于起步阶段，主要体现在法律法规保障体系还不完善、还存在不少的空白，如原则性的规定多、具体实施指导的措施少，还没有完善的环境绩效评估标准等，导致企业上市环保准入审查并没有一套科学的标准和严格的程序。

发展绿色证券是一项涉及多部门的工作，需要加强相关部门的协调统一，环保部、财政部、央行、证监会、国家税务总局要广泛而深入地参与，尤其是要制订与节能环保紧密相关的上市准入标准、上市后再融资限制以及惩罚性退市等审核和监管制度。

2. 以上市公司环保核查制度和环境信息披露制度为核心

要发展绿色证券，需要从根本上制定一套针对高污染、高能耗企业的证券市场环保准入审核标准、环保核查制度、环境信息披露和环境绩效评估方法。

具体来说，绿色证券对上市公司通过资本市场直接融资要设置两道"门槛"：第一道"门槛"即为拟上市企业设置环保准入审核标准，将不符合节能环保标准的拟上市企业挡在证券市场之外，绝不给企图浑水摸鱼"混进"资本市场的环保不达标企业可乘之机；第二道"门槛"即对上市公司实施环境信息强制披露①，将资本市场的各类主体（监管层、交易所、投资者、中介机构、主管部门等）形成一个合力，共同对上市公司的融资行为进行监督，让真正遵纪守法的上市公司尝到资本市场的"甜头"，让企图利用资本市场的资金扩大污染生产的上市公司"不敢越雷池半步"。

（1）环保核查制度方面。环保核查意见成为证监会受理申请的必备条件之一。2008 年 1 月 9 日，中国证券监督管理委员会发行监管部发布《关于重污染行业生产经营公司 IPO 申请申报文件的通知》（发行监管函〔2008〕6 号），对重污染行业生产经营公司首发申请受理工作要求为：从事火力发电、钢铁、水泥、电解铝行业和跨省从事环发〔2003〕101 号文件所列其他重污染行业生产经营活动的企业申请首次公开发行股票的，申请文件中应当提供国家环保总局的核查意见，未取得相关意见的，不受理申请。

（2）强制上市公司环境信息披露。强制上市公司环境信息披露的目的是为涉污上市公司尤其是"双高"（高污染、高能耗）上市公司环境信息披露制度奠定基础，让广大投资者对相关上市公司进行绿色监督（有关上市公司环境信息披露下节有详细论述）。

可以说，我国亟待构建一个包括以绿色市场准入制度、绿色增

---

① 我国企业普遍采取的披露形式是董事会报告和附表附注，只有少数企业采取独立报告的形式，公开程度不够，很难全面、直观了解和评价企业的环境状况。

发和配股制度以及环境绩效披露制度为主要内容的绿色证券市场。

3. 对上市公司实施奖惩机制，加大企业融资后环境监管

科学的奖惩机制对于发展我国的绿色证券具有重要的作用。

一方面，对于严格遵守国家节能环保政策、加大节能改造研发和投入、积极投资绿色产业的拟上市企业开通上市绿色通道，对在资本市场直接融资有利于我国绿色产业发展的上市公司，国家应在政策上予以鼓励和倾斜；另一方面，对于环保"带病"的拟上市公司则严格限制其登陆资本市场，对于造成严重环境污染事件和融资目的打"擦边球"的上市公司，则严格限制其通过资本市场融资。

需要着重强调的是，发展绿色证券的一大重点是加大上市公司融资后的环境监管，监督上市公司所融"绿色资金"真正用于绿色项目和绿色产业。

4. 借鉴国外先进经验编制我国证券市场绿色指数

绿色指数是完善我国绿色证券市场的关键。编制我国证券市场绿色指数，有利于各类投资者"投票"支持真正发展绿色产业的上市公司，从而真正以市场化的手段促进我国节能环保、清洁能源、绿色交通运输、绿色建筑等绿色产业的发展（关于绿色指数，本书下节有详细论述）。

5. 上市公司加强自身环境能力建设

作为证券市场的主体，上市公司要加强自身的环境能力建设，提高社会责任感，严格按照环境会计准则以及上市公司环境披露制度披露环境信息，以保证利益相关者（如广大机构投资者、个人投资者）及时、准确、完整地获得上市公司的重大环境行为及其环境表现。①

---

① 上市公司的信息披露通常要严格按照《公司法》、《证券法》、《股票发行与交易管理暂行条例》、《公开发行股票公司信息披露实施细则》等法规，规范公司行为，及时、公正、公开地披露重要信息，加强与投资者的沟通，树立公司的良好形象。

二、建立上市公司环境信息披露机制

目前国际上上市公司和发债企业通常被要求披露其环境责任信息，披露的内容主要包括：企业正在运行何种项目、投资对环境产生了或可能产生何种影响、企业为减少这些影响所做出的努力以及企业在环保技能领域的投入等。相比发达国家在上市公司和发债企业在环境信息披露方面的要求，我国无论是在政策出台时间、要求的力度还是披露效果来看都有较大的差距。

（一）我国上市公司有关环境信息披露尚处于起步阶段

2008 年 2 月，原国家环保总局《关于加强上市公司环境保护监督管理工作的指导意见》（环发〔2008〕24 号）对上市公司的环境信息披露作了明确规定，分为强制公开和自愿公开两种形式。发生可能对上市公司证券及衍生品种交易价格产生较大影响且与环境保护相关的重大事件，投资者尚未得知时，上市公司应当立即披露，说明事件的起因、目前的状态和可能产生的影响。

2008 年 5 月，上海证券交易所颁布了《上海证券交易所上市公司环境信息披露指引》（以下简称《指引》），《指引》称"上市公司发生以下与环境保护相关的重大事件[①]，且可能对其股票及衍生品种交易价格产生较大影响的，上市公司应当自该事件发生之日起两日内及时披露事件情况及对公司经营以及利益相关者可能

[①] 主要内容为：公司有新、改、扩建具有重大环境影响的建设项目等重大投资行为的；公司因为环境违法违规被环保部门调查，或者受到重大行政处罚或刑事处罚的；或被有关人民政府或者政府部门决定限期治理或者停产、搬迁、关闭的；公司由于环境问题涉及重大诉讼或者其主要资产被查封、扣押、冻结或者被抵押、质押的；公司被国家环保部门列入污染严重企业名单的；新公布的环境法律、法规、规章、行业政策可能对公司经营产生重大影响的；可能对上市公司证券及衍生品种交易价格产生较大影响的其他有关环境保护的重大事件。

产生的影响"。"上市公司可以根据自身需要，在公司年度社会责任报告中披露或单独披露如下环境信息：公司环境保护方针、年度环境保护目标及成效；公司年度资源消耗总量；公司环保投资和环境技术开发情况；公司排放污染物种类、数量、浓度和去向；公司环保设施的建设和运行情况；公司在生产过程中产生的废物的处理、处置情况，废弃产品的回收、综合利用情况；与环保部门签订的改善环境行为的自愿协议；公司受到环保部门奖励的情况；企业自愿公开的其他环境信息"。

不过，该《指引》没有强制性，上市公司披露的比例不高，如 2012 年沪深两市共有 644 家上市公司披露了企业社会责任报告，仅占上市公司总数的 26%。而由中国环境新闻工作者协会发布的《中国上市公司环境责任信息披露评价报告（2014 年）》显示，沪深股市上市公司 2014 年发布相关环境责任报告、社会责任报告及可持续发展报告的有效样本企业共有 708 家，仅占沪深股市 2,613 家上市公司总量的 27.10%，尚不足三成。报告同时显示，2014 年我国上市企业环境信息披露情况总体上较 2013 年有所提高。其中，沪市整体环境信息披露水平高于深市，处于发展阶段。此外，上市公司行业间发布环境信息的质量水平存在明显差距。采矿业、运输仓储业、公共环境业、金融业、电力热力燃气及水生产供应业、建筑业及餐饮住宿业 7 个行业整体得分高于平均水平，房地产、商务服务等行业环境信息披露得分较低，尚处于起步阶段。

2016 年 11 月 5 日，复旦大学环境经济研究中心发布《企业环境信息披露指数（2016 年报告）》，这份以考察 185 家上市公司环境信息透明程度和公开程度的报告指出，虽然诸多国有大型企业表现不错，但普遍来看环境信息披露尚未得到企业的足够重视，对于公众最为关注的企业环评信息披露，占比不足 30%。①

（二）上市公司披露环境信息的重要意义

上市公司披露环境信息具有重要的意义：一是增强企业社会责任感；二是维护社会公共利益；三是激励其加大绿色投资力度；四是维护投资者切身利益。

（三）需强制上市公司披露环境信息

业内专家建议称，我国应强制要求上市公司定期发布企业社会责任报告并披露其环境影响信息，披露的主要内容应该包括：企业环境保护方针、年度环境保护目标及成效；排放污染物种类、数量、浓度和去向；项目或投资对环境产生的影响；为减少污染物排放所采取的措施及今后的工作安排等。而在环境信息披露的方式上，既可以作为上市公司财务报表的附录，也可以在社会责任报告的环境章节中或单独发布环境成本报告。

不仅如此，为加快我国金融尤其是绿色金融的发展，环境信息的披露范围应逐步从上市公司扩展到拟上市公司②，而且将环境信息披露作为交易所接受企业 IPO 申请的要求之一，严格 IPO 申请条件，这就将企业环境信息披露环节前移，更好地起到环境信息披露的效果。以某上市公司环境信息披露为例（见案例 7 - 1）。

---

① 报告是在对 14 个重污染行业的 185 家上市企业在官方渠道公开和披露的环境及环境相关信息和数据进行全面整理和分析的基础上所形成的。指数包括四个一级分类指标，21 个二级分类指标。这四个一级指标分别为，经济（如排污费、绿化费等税收支出、环保拨款补贴）、法律（如是否主动表明属于重污染行业）、政治（如环境政策、方针和理念）以及其他相关视角（如碳排放、本年度污染物直接和间接的排放情况）。

② 如加拿大对企业环境信息披露要求非常严格，其要求全国上市和非上市企业都披露企业污染预防计划，并将污染预防计划书摘要送交环境部，由政府通过媒体和网络来向公众公布并接受社会监督。

【案例7－1】

　　某上市公司是我国最大的一体化能源化工公司之一，主要从事石油与天然气勘探开采、管道运输、销售；石油炼制、石油化工、煤化工、化纤及其他化工产品的生产与销售、储运；石油、天然气、石油产品、石油化工及其他化工产品和其他商品、技术的进出口、代理进出口业务；技术、信息的研究、开发、应用。该上市公司在其2015年年度报告中专门披露了环境信息，2015年，本公司完善了安全生产主体责任分解落实，升级安全监管体系，集中进行隐患排查治理；进一步完善应急管理体系和安全监管技术手段；规范劳动防护，保障员工健康。扎实推进能源环境一体化管理，全面实施"能效倍增"计划，深入开展"碧水蓝天"环保专项行动，积极推进碳资产管理，进一步发挥节能、减排和降碳一体化管理优势。按照中国环境保护部门的划分标准，本公司所属行业为重污染行业，报告期内本公司严格规范处理和处置在生产过程中产生的废气、废水、废渣、噪声等污染，污染物浓度和排放总量完全达到政府规定的标准和要求。2015年，本公司万元产值综合能耗同比下降1.6%；工业取水量同比减少1.0%；外排废水COD同比减少4.1%；二氧化硫排放量同比减少4.8%；危险化学品和"三废"妥善处置率达到100%。

三、我国需要大力发展绿色股票指数

　　绿色股票指数[①]是绿色金融体系的重要组成部分。对目前国内资本市场上众多的传统型指数研究发现，大部分指数都不是"绿色"

---

　　① "绿色股票指数"是指根据特定标准对绿色股票进行评选，选取综合评分较高的上市公司为样本，根据其股票价格所设计并计算出来的股票价格指数，用以衡量绿色股票市场的价格波动情形。

（如钢铁、水泥等），还包括了许多污染性上市公司的股票指数，这导致投资者在资金配置中部分资金被动进入到污染性的行业。

（一）国际绿色股票指数发展情况

国际绿色股票指数主要分为三类：第一类是 ESG 指数，包括环境、社会及公司治理；第二类是环境生态指数，包括低碳、水资源、非矿物燃料类；第三类是环保产业指数，包括资源管理、污染管理、清洁技术等。目前，国际上以第三类即以环保产业指数为主，其主要原因为：一是该指数发展较早且主题明确，二是环境污染已经成为全球性的问题。

目前，国际上绿色指数主要有英国富时社会责任指数系列、包含了全球 30 个主要清洁能源公司的股票的标准普尔全球清洁能源指数、跟踪 50 余家美国上市的清洁能源公司表现的纳斯达克美国清洁指数等。

此外，发展绿色股票指数离不开庞大的"绿色投资者"队伍。国际上绿色投资者已经初具规模，究其原因，主要是国际投资者以机构投资者为主，而且经过多年的发展和积淀，这些机构投资者都具有较强的环保意识和社会责任感。在日益严峻的环境污染压力和日益严格的环境监管背景下，国际机构投资者更偏向投资收益稳定且绿色环保的金融产品。

（二）我国绿色股票指数刚刚起步但发展较快

1. 我国绿色指数刚刚起步

与国际绿色股票指数相比，我国绿色股票指数也分为三类。不过，在具体内容上与国际绿色股票指数既有相同之处，也有属于我国资本市场自身的特点。根据中证金融研究院的研究报告，我国绿色股票指数可分为三类：第一类是可持续发展指数，主要是对企业在环境、社会责任、公司治理等方面的综合评价，可被细分为 ESG、公司治理、社会责任等类别，如中证 ECPI ESG 可持续发展 40 指数；第二类是环保产业指数，主要涵盖资源管理、清洁技术和产品、污染管理等范围，可被细分为新能源、新能源汽车、环境治理等类别；第三类则是绿色环境指数，包含碳指数和海绵城市指数等。

与国际绿色股票指数相比，我国绿色股票指数才刚刚起步，其突出的特点表现在几个方面：一是类别比较集中，范围比较小；二是规模不大；三是没有形成相关的系列指数和特色指数。相比较而言，欧洲 ETF① 指数产品中有 20% 为"绿色"，而这个比率在我国仅仅只有 1%②，可以说二者相差悬殊。进一步研究发现，一是我国环保型指数产品都为主题类，因此关注的群体受到局限；二是与国外发达国家资本市场以机构投资者为主不同，国内投资群体以个人投资者为主，其偏好为市场热点，在收益率的要求方面也是以短期收益率为主。

2. 我国绿色指数发展较快

2016 年 8 月 31 日，人民银行等七部委发布的《指导意见》指出，提出推动证券市场支持绿色投资，其中就包括"支持开发绿色债券指数、绿色股票指数以及相关产品"。鼓励相关金融机构以绿色指数为基础开发公募、私募基金等绿色金融产品，满足投资者需要。

统计显示，截至 2015 年 10 月，中证指数公司编制的绿色环保类指数约为 16 个，占其编制的 A 股市场指数总数（约 800 个）的

① 交易型开放式指数基金，通常又被称为交易所交易基金（Exchange Traded Funds，ETF），是一种在交易所上市交易的、基金份额可变的一种开放式基金。交易型开放式指数基金属于开放式基金的一种特殊类型，它结合了封闭式基金和开放式基金的运作特点，投资者既可以向基金管理公司申购或赎回基金份额，同时又可以像封闭式基金一样在二级市场上按市场价格买卖 ETF 份额。

② 根据中证指数有限公司的统计数据，目前，国内指数型产品规模接近 5,000 亿元，占公募基金产品（非货币）规模的 13% 左右，其中绿色指数型产品 10 只，规模大约为 44 亿元，占指数型产品的 1%。

2%。2015 年 10 月 8 日，上海证券交易所和中证指数有限公司发布了上证 180 碳效率指数，这是我国首只考虑碳效率的指数，该指数用碳强度来界定企业的绿色程度，即碳强度越低，该上市公司的绿色程度就越高。截至 2016 年 9 月，我国各金融机构陆续推出 19 只绿色股票指数。截至 2016 年 7 月中旬，国内基金管理机构已推出以环保、低碳、新能源、清洁能源、可持续为主题的基金约 96 只，规模约 978.2 亿元，其中指数型基金约 53 只，规模约 462.9 亿元。

（三）建议大力发展我国绿色股票指数

1. 分析认为，大力发展绿色股票指数，通过市场提供具体可对比的绿色评选标准和数据分析模型，可以督促上市公司加强节能环保、开展绿色生产和积极披露企业环境信息。此外，与传统股票指数相比，绿色股票指数所选取的上市公司在节能环保和社会责任方面表现优异，这样的企业管理更为科学、规范，发展战略更为长远，运营更为稳健，前景更为广阔，可以更好地引导各类资金投向注重环境保护和社会责任的上市公司，从而促进我国绿色经济的发展。

2. 众所周知，"绿色发展"已经成为我国的五大发展理念之一，在我国经济转型、产业结构调整升级的背景下，绿色产业被提升到前所未有的高度。在国家产业政策、财政政策、金融政策的重点支持下，绿色产业公司将加快登陆资本市场的步伐，绿色板块亦将成为投资者的关注热点。因此，必须加快发展我国的绿色股票指数。

3. 由于传统股票指数中污染型行业所占比重过大，建立绿色股票指数迫在眉睫。为加快我国绿色股票指数的开发和运用，建议借鉴国际先进经验和方法，推进绿色股票指数体系的建设和发展创新。

（1）健全绿色股票指数体系，可借助政府部门和社会对环境污染的高度关注，发展节能环保、清洁能源、绿色交通运输、绿色建筑、低碳等主题类的系列指数、特色指数，未来还应加大绿色产业在股票指数中所占的比重。

（2）推动投资者（包括机构投资者和个人投资者）提高绿色投资比重，培育、鼓励绿色投资者开展绿色股票指数的投资应用。同时，鼓励资产管理机构开发针对性更强且多样化的绿色投资产品。

（3）上市公司环境信息披露制度是发展绿色股票指数的重要基础，要建立激励上市公司环境信息披露的制度。参考国际上已经成熟的标准，结合我国国情建立环境信息披露标准，使投资者获得真实、可靠的上市公司环境信息。

四、促进环保PPP还需打通企业上市"绿色通道"

在上市公司参与PPP的领域，节能环保是一大重点。自2014年下半年以来，随着我国大力推广PPP，支持PPP的一系列政策接踵而至，环保市场进一步向各类社会资本开放。各方利好消息之下，国内多家环保类或非环保类的上市公司盯上了环保PPP项目这块大"蛋糕"。不仅如此，国内多家环保类的企业开始积极登陆资本市场（主要是IPO），希望借助资本市场直接融资渠道的成本优势完成环保PPP的开疆拓土。

（一）上市公司的环保PPP市场大机遇

《国家环境保护"十三五"规划基本思路》指出，在"十三五"期间，要建立环境质量改善和污染物总量控制的双重体系，预计"十三五"末，我国环保产业年投入将达到1.5万亿元，上市环保公司业务收入结构将发生变化，尤其是与水环境、土壤修复等相关的业务占比将迅速上升，预计上市环保公司收入达到5,000亿元以上。以财政部第三批PPP示范项目为例，第三批PPP示范项目共确定516个项目，占全部申报项目的44%，计划投资金额11,708亿元。

其中，市政工程、交通运输、生态建设和环境保护、城镇综合开发四类行业项目数最多，占比分别为43%、12%、9%、6%，合计占比达70%。此外，交通运输、市政工程、城镇综合开发、生态建设和环境保护的投资额最大，占比分别为43%、27%、10%、7%，合计占比达87%。环保产业盛宴开启，环保行业上市公司真正迎来市场大机遇，环保行业将成为PPP推广过程中资本市场上最具市场爆发力的生力军。

（二）上市公司在环保PPP竞争中占有先机

分析发现，无论是从上市公司自身的优势、政府的意愿还是从实践来看，上市公司抢占环保PPP市场均具有先天的优势和良好的效果。相比较而言，上市公司在资金实力、技术先进性和管控方面都拥有突出的优势，而这几项优势正是PPP模式下政府引进社会资本所最为看重的，对大力引进社会资本进行基础设施建设和公共项目建设的地方政府而言，其对社会资本的态度并非"来的都是客"。面对蜂拥而至的社会资本（在政府部门发布PPP项目招标公告后，都会吸引包括央企、国企、外企、民企和混合所有制在类的企业作为社会资本积极投标，通常一个项目最少有六七家社会资本参与竞逐，而投资额大、现金流稳定、回报快的优质PPP项目常常会有二三十家社会资本一起参与竞争），地方政府也有着严格甚至苛刻的要求。出于对项目在建设、技术、资金需求、风险程度和社会利益最大化的综合考量，政府更愿意与资金丰厚、技术先进、管理科学的社会资本合作。从这一点考虑，"上市公司"这块招牌无疑占有先天的优势，也就是说，地方政府往往更愿意与综合实力强劲的上市公司合作。

（三）上市公司赶潮环保PPP

事实上，环保PPP项目是当下上市公司的重要业务方向，也是上市公司重要的业绩和盈利点。面对国家大力推广PPP模式和环保行业巨大的市场，国内多家上市公司积极推进环保PPP业务，抢占环保PPP市场。自2014年以来，国内掀起上市公司纷纷追赶PPP的热潮，多家上市公司披露了PPP项目的中标事项。

面对环保PPP市场的巨大机遇，上市公司凭借其资金①、技术和管理优势在环保PPP项目竞争中占得先机。据统计，2015年78家A股节能环保上市公司中，59家节能环保企业实现净利润增长，占全部节能环保上市公司的75.6%。2015年表现最为突出的环保公司营收超过300%、净利润接近500%。2015年，23家以水处理为主业的环保上市公司营收情况为：17家企业净利润增长，占73.9%，6家利润下滑，占26.1%；19家企业营业总收入增长，占82.6%，4家营收下滑，占17.4%。招商证券研报指出，2014年以来上市公司公告参与的PPP项目投资额5,200亿元，交通运输、市政工程和环保、片区开发成为上市公司参与PPP项目的主要行业。

（四）环保企业加快登陆资本市场步伐

目前在A股2,000多家上市公司中，环保类的上市公司不超过100家，比例不过5%。面对巨大的环保PPP市场，环保类的社会资本加快上市步伐：2015年仅上半年就有7家环保企业成功IPO，远远超过2014年全年的水平，这一年也被称为环保企业的"上市年"。除了A股市场之外，全国中小企业股份转让系统（即"新三板"）市场也是环保企业另一个重要的融资场所②。截至2016年12月30日，新三板挂牌企业达到10,163家，总共两年多时间已成为全球首

---

① 上市公司融资能力更强，主要是增发股票、公司债券、可转债等直接融资方式，成本低、自主性强，具有较强的融资优势。

② 近几年来，我国新三板挂牌公司呈井喷之势。截至2016年11月11日，新三板挂牌公司总数达9,485家，挂牌公司总市值到36,761.29亿元。

家达到 10,000 家挂牌企业的证券交易场所。新三板狂飙突进的热潮中，环保企业数量大幅激增。从细分领域看，新三板环保企业主营业务以固废、水处理为主，此外设备制造和销售类企业也占有相当大比重。

（五）应建立环保企业上市的"绿色通道"

截至 2016 年 11 月 24 日，中国证监会受理首发企业 760 家，其中，已过会 45 家，未过会 715 家。未过会企业中正常待审企业 665 家，中止审查企业 50 家。IPO"堰塞湖"严重。在 IPO 困难的现实背景下，针对我国大力发展的节能环保、清洁能源、绿色交通运输、绿色建筑等绿色产业，鼓励技术先进并能为我国环境治理事业作出突出贡献的中小企业积极上市，提高投资绿色环保 PPP 项目的能力和热情。当下应建立环保企业上市的"绿色通道"，如简化中小环保企业上市审批流程，降低中小企业上市成本，使中小环保企业尽快从资本市场获得资金。

进一步而言，在我国大力推广 PPP 的环境下，环保企业上市后可以通过资本市场以较低成本和较便利的方式直接融资，从而有足够的资金投资环保 PPP 项目，加快我国环境治理和绿色经济发展的步伐。

第八章 绿色金融与绿色 PPP 的融合发展

绿色金融支持绿色产业，绿色产业大量采取 PPP 模式。绿色金融与绿色 PPP，开始碰撞出火花。国际经验表明，绿色金融是一种市场化的正向激励制度安排，在促进生态建设和环境保护方面作用巨大。发挥绿色金融的杠杆作用，在各级政府、各类社会资本和各类金融机构等多方主体的积极参与下，促进我国节能环保、生态文明建设，大力推动绿色 PPP 项目的落地。

一、我国 PPP 正在迈入 3.0 时代

自 2014 年下半年以来，我国推广 PPP 快速步入高潮，且呈现"多管齐下"的态势：一是战略地位高，PPP 被列为国家战略，成为当下乃至今后相当长一段时间内我国投融资体制改革和经济发展的重点；二是一开始国家就从"顶层设计"出发，国务院各部委已经出台 PPP 政策 60 多个，各地方政府出台的 PPP 政策亦数以百计，对 PPP 实践操作起到了重要的指导作用；三是参与主体众多，从中央政府到地方政府，从政府部门到实体企业、金融机构以及中介咨询机构，从央企到国企、从国企到外资、从外资到民企，都在积极踊跃地参与 PPP；四是涉及行业多，PPP 从最初的交通运输类基础设施迅速向市政、环保、教育、卫生、医疗、养老等领域拓展；五是效果明显，财政部 PPP 信息中心显示，截至 2016 年 9 月末全部入库项目 10,471 个，总投资额 12.46 万亿元，其中已进入执行阶段项目

946个，总投资额1.56万亿元，规模相当可观。

（一）PPP模式1.0版本

虽然我国大力推广PPP仅仅两年多时间，不过仔细梳理发现，PPP在我国的发展脉络清晰，特点鲜明。分析认为，PPP模式1.0版本的最大特点是"以化解地方政府债务风险、缓解地方政府财政压力为目的"[1]。提及地方债务风险，主要与业内熟知的"43号文"有关：2014年10月2日，国务院发布《国务院关于加强地方政府性债务管理的意见》（以下简称"43号文"），明确指出首要目标为治理政府性债务。"43号文"对地方债务开启了严监管模式，使地方政府融资能力大幅受限。在此背景下，此前主要以政府平台操作地方基建设施和社会公共服务项目的模式受到挑战，再加上我国经济步入缓增长阶段，地方财政收支矛盾压力大，需要进行投融资体制改革。因此，PPP模式受到各级政府的热情追捧。

（二）PPP模式2.0版本

在PPP模式1.0版本的基础上，很快进入到2.0版本。PPP模式2.0版本的最大特点是"以提高公共产品供给效率为主要目的"。我国大力推广PPP模式，采取的是市场竞争机制和市场价值投资理念，以市场化的手段发挥社会资本在资金、技术、管理上的优势，从而提升公共产品的建设与运营效率，推进国家治理体系和治理能力的现代化。而在传统以政府为主导的模式下，公共产品的建设和运营效率不高，颇受社会和公众的诟病。研究表明，与传统的以政

---

[1] 根据国家审计署发布的数据，截至2013年6月，我国地方性政府债务是17.9万亿元。虽然总体可控，但部分地区已经出现偿债风险。此外，我国财政收入增速大幅放缓，从2011年的25%下滑至2014年的8.6%。2015年2月，全国公共财政收入同比仅增长0.26%，而全国公共财政支出同比增长却高达55.18%。

府为主导的投融资模式相比，在建设工期按时完成的情况下，PPP 项目平均为政府部门节约 17% 的费用。实践还发现，近些年来，部分地方政府"大干快上"的项目建设成后运营效率低下，最后项目成为地方财政的大包袱，这一点在污水处理等项目上尤为明显：由于污水处理设施重建设轻运营、运营成本高，导致地方政府通过举债斥巨资建设的项目建成后"晒太阳"，造成极大的浪费。

（三）PPP 模式正在迈入 3.0 时代

1. PPP 模式 3.0 以可持续发展为导向

PPP 模式 3.0 版本由 PPP 1.0 和 PPP 2.0 演化而成。而 PPP 模式 3.0 版本最大的特点是以可持续发展为导向，即当下以及未来很长一段时期内，我国的发展重点为以绿色经济、低碳经济、循环经济为主的可持续发展经济，"绿色发展"已经成为我国的五大发展理念之一。换句话说，PPP 模式本身要实现更好地发展，更好地为我国经济服务，就必须以可持续发展为导向，实现发展方式、项目重点等方面的"可持续"。

2. "以可持续发展为导向"的主要内容

一个 PPP 项目合作期限长达 20～30 年，无论是对政府、社会资本还是广大人民群众来说，项目的持续性尤其重要。具体而言，PPP 模式 3.0 版本"以可持续发展为导向"主要包括经济、社会和环境三个方面的"可持续性"。

（1）经济可持续性是指 PPP 项目要给社会资本带来长期、稳定、合理的投资回报。对社会资本而言，在长达数十年的时间里，如果无法保证项目的长期、稳定和合理的收益，就无法实现投资回报甚至项目的运维，极有可能导致项目中途失败，包括社会资本在内的各方主体损失惨重，这方面的例子不胜枚举。

（2）社会可持续性是指 PPP 项目给广大人民群众提供持续的公

共产品服务。在传统的以政府为主导的投融资模式下，项目的公共服务质量普遍不高，多数情况下无法做到"优质"与"价廉"的均衡，导致人民群众意见较大。而在 PPP 模式下，社会资本比传统模式下的政府平台更加有节约建设成本的动力和提供更优质、高效服务的"压力"（PPP 模式下政府有对社会资本提供服务的监督之权，很多如河道治理、市政道路清扫 PPP 项目还是"按效付费"）。社会资本需要不断提高技术水平、降低建设和运维成本，在保证自己的投资回报（以"赢利不暴利"为原则）的前提下，让利于民，使广大人民群众长期得到真正的实惠。从根本上说，PPP 模式的最终目的是持续实现公众的利益最大化。

（3）环境可持续性是指 PPP 项目在建设、运维过程中要不断改善项目所在地的环境（如空气污染、水污染、土壤污染、噪声污染等），提高人民群众的生活水平。同时，还要持续改善城市居民生活，如提供卫生、医疗、养老、教育服务，促进劳动力就业、改善员工福利等。

（四）PPP 模式 3.0 需绿色金融支持

PPP 模式 3.0"以可持续性发展为导向"，就 PPP 项目本身和所起的作用来说，主要是节能环保、清洁能源、绿色交通运输、绿色建筑等绿色产业。而绿色产业的特点也是"以可持续发展为导向"。可以说，PPP 模式 3.0 与绿色产业具有天然的一致性。同时，绿色产业具有投资规模大、投资回报期长、见效慢的特点。因此，为了促进我国 PPP 模式 3.0 的发展，需要来自绿色金融的大力支持和帮助。具体来说，各级政府、人民银行、银监会、证监会、保监会以及金融机构要出台积极的政策，鼓励绿色信贷、绿色债券、绿色基金、绿色资产证券化、绿色保险等绿色金融工具重点向 PPP 模式 3.0 下的绿色产业倾斜，这实际上就是支持我国可持续发展的重要体现。

以下为一例绿色金融支持绿色 PPP 项目的案例（见案例 8 - 1）。

【案例 8 - 1】

　　资料显示，大理洱海是国内第七大淡水湖，是大理主要饮用水源地，是苍山洱海国家级自然保护区的重要组成部分，流域面积 2,565 平方公里，入湖河流 117 条，覆盖大理市、洱源县 16 个乡镇，约 83.3 万人。随着城镇化进程不断加快和旅游业快速发展，洱海流域产生的生活污水、垃圾和农业面源污染控制难度逐年加大。洱海曾先后于 1996 年、2003 年、2013 年三次爆发蓝藻，水质急剧恶化，洱海水环境与生态功能遭受严重破坏。

　　2013 年，大理人民政府决定建设大理洱海环湖截污项目，项目整个工程包含新建污水处理厂 6 座，设计总规模为日处理 11.8 万立方米，一期建设污水处理厂总规模为日处理 5.4 万立方米。新建截污干管（渠）320.3 公里，其中含十八溪河道截污管道 211 公里，干渠 8.1 公里。新建提升泵站 12 座，配套新建混合调蓄池 15 座，总规模为 8.66 万立方米。

　　洱海环湖截污工程规划概算投资约为 34.68 亿元，占大理州本级和大理市 2014 年财政支出 68.68 亿元的一半。州、市两级全年除民生外可用财力仅为 10 亿元，资金缺口巨大。2014 年 5 月，大理州财政局向云南省财政厅正式提出申请运用 PPP 模式实施大理洱海环湖截污工程。主要运作方式为：污水处理厂采用 BOT（建设—运营—移交）模式，合作期限 30 年（含 3 年建设期）。污水收集干渠、管网、泵站采用 DBFO（设计—建设—融资—运营）模式，合作期限 18 年（含 3 年建设期），由项目公司负责截污干管（渠）工程建成和运营维护，自达到政府付费条件之日起，政府方将按年（分 15 年）依效等额支付政府购买服务费。经初步测算，项目在未获财政建设补助情况下，年付费总额为 3.4 亿元左右，扣除洱海资源保护费、项目自身收益等因素，市财政年付费在 5,900 万元左右，占大理市公共预算支出的 1.4%。2015 年 9 月，云南省发改委批复大理洱海环湖截污工程 PPP 项目可研报告，批复投资 45 亿元，批复近期（2016—2020 年）计划投资 34.9 亿元，PPP 协议签约控制价29.8 亿元。项目采用 PPP 模式实施建设，2018 年完成建设，建设期限为 3 年。大理市洱海环湖截污工程（一期）PPP 项目被列入财政部第二批 PPP 示范项目和被列入省第二批专项建设基金项目库后，获国家批复专项建设基金 5.77 亿元。

二、助力绿色 PPP 构建绿色金融体系

绿色金融是通过绿色信贷、绿色债券、绿色基金、绿色保险等金融服务和相应的激励机制，引导更多的社会资本进入到节能环保、清洁能源、绿色交通运输、绿色建筑等绿色产业。而在目前的绿色产业中，绿色 PPP 逐渐成为主流的商业模式。为支持和帮助我国绿色 PPP 的快速发展，构建一个绿色金融体系显得尤其必要。具体来说，要制定并完善以"绿色信贷"、"绿色债券"、"绿色基金"、"绿色保险""绿色证券"为主要内容的绿色金融体系。

绿色投资资金供给分为两类，第一类是财政资金，第二类是社会资本。如前所述，到 2020 年，我国绿色投资每年约为 4 万亿元，其中政府财政资金最多可以满足其中的 15% 即 6,000 亿元左右，剩下的 85% 即 3.4 万亿元只能通过市场化的方式即引进社会资本解决①。绿色金融是我国经济转型和产业结构调整升级的重要保障，是解决绿色投资不足的动力源泉。

---

① 根据联合国 UNEP Inquiry 主导的项目报告《构建中国绿色金融系统》预期，未来由政府主导的公共绿色投资仅占绿色投资总额的 10% ~15%，其余 85% ~90% 的绿色投资将由私人投资（社会资本）实现。

2015 年 9 月，中共中央、国务院发布《生态文明体制改革总体方案》，明确了建立绿色金融体系的总体规划。国务院印发的《关于积极发挥新消费引领作用加快培育形成新供给新动力的指导意见》，强调要建立绿色金融体系，发展绿色信贷、绿色债券和绿色基金。与我国绿色金融顶层设计相应的是，近年来，我国绿色信贷、绿色债券、绿色基金、绿色保险、绿色证券等不断发展，绿色金融体系不断完善。尤为引人关注的是，在我国大力推广 PPP 的背景下，"绿色金融"与"PPP"开始嫁接，二者携手共同发力，促进我国生态建设和绿色经济的发展。

（一）绿色信贷是绿色投资最主要的资金来源

绿色信贷是当下我国运用最多的绿色金融工具之一，也是绿色投资最主要的资金来源。我国绿色信贷已经发展多年，形成了一套相对比较完整的政策指引和评价体系。目前，在"绿色发展"理念的指引下，我国正加快经济转型和产业结构调整升级，节能环保、清洁能源、绿色交通运输、绿色建筑等绿色产业更是上升到国家重点支持的地位，绿色信贷近几年也越来越受到国内众多金融机构特别是银行的追捧。数据显示，银行业绿色信贷余额已从 2007 年的 3,400 亿元上升到 2014 年的 7.59 万亿元，七年间增长了 22 倍。截至 2015 年底，我国银行业金融机构绿色信贷余额 8.08 万亿元，其中 21 家主要银行业金融机构绿色信贷余额达 7.01 万亿元，较年初增长 16.42%，占各项贷款余额的 9.68%。专业机构预计到 2020 年绿色信贷将占新增贷款的 20% 以上，新增绿色信贷 2 万亿元左右。

践行绿色信贷一方面对促进我国绿色产业快速发展、实现资源配置、引导企业经济行为、控制环境污染风险、建立健全成熟的绿色金融体系意义重大，另一方面对商业银行本身的发展、转型、提高核心竞争力以及责任承担①都具有极为重要的意义。与传统制造业尤其是"两高一剩"产业相比，当前我国重点支持的绿色产业市场空间大、发展前景好、有较好的利润，银行支持绿色项目一个最直接的利好便是降低信贷风险。

（二）绿色债券优势明显

绿色债券是绿色基础设施融资的主要工具之一。参照全国债市融资占社会融资规模的比例（2014 年，债券融资已经占我国社会融资总额的近20%），未来我国的绿色债券市场有望提供20%～30%的绿色投资，成为仅次于绿色信贷的第二大绿色融资渠道。自 2015年以来，我国绿色债券市场迅速扩大。预计到 2020 年绿色债券超过5 万亿元。根据国际经验，与其他绿色金融工具相比，绿色债券优势明显：如可以避免期限错配（如银行信贷以中短期为主，短存长贷存在期限错配问题）和降低融资成本，这对于绿色投资尤其是合作期长、投资回报率不高的绿色 PPP 项目的投资十分重要。

（三）绿色基金撬动万亿元社会资本

绿色基金通过市场化的运作方式可以撬动万亿元社会资本，满足我国绿色投资的巨量资金需求。随着国家级绿色发展基金的建设以及 PPP 模式的大力推广，绿色基金将成为绿色 PPP 项目融资的主要方式之一。目前，我国急需建立一批有政府背景的绿色股权基金来支持社会资本，提高社会资本的信心，从而推动绿色 PPP 项目的落地。绿色基金既能达到社会资本股权融资的目的，还能为社会资本（尤其是民间资本）投资绿色 PPP 起到增信的作用。

---

① 从全球金融业的发展趋势看，金融机构的发展理念、责任承担也在发生变化，由传统上单一强调对股东负责，目前开始更加主动地承担环境、社会风险，履行对经济、社会和环境的三重责任。

（四）高环境风险纳入强制保险

绿色保险又称生态保险、环境污染责任保险，是对环境风险进行管理的一种基本手段，这是一种以被保险人（企业）发生空气、水、土壤污染事故对第三者造成损害后依法应承担的赔偿责任作为保险对象的保险。作为市场化的补偿机制，绿色保险是一种以金融手段加强环境保护的有益尝试，其在防范环境风险、补偿污染受害者、推动环境保护等事中事后监管方面都有着积极作用：一方面，在企业发生意外污染事件后，有充足的财力对环境污染受害者的损失进行赔偿和对环境进行修复，有利于迅速化解矛盾纠纷、维护社会秩序稳定；另一方面，国家对某些涉污企业采取行政手段强制其购买环境污染责任保险，同时出台与环境污染风险挂钩的保险费率，对潜在发生环境污染的涉污企业进行经济上的制约，促使企业减少环境风险过大的投资行为。

早在 2007 年我国就开始试点环境污染责任保险，2013 年 1 月，环保部和中国保监会联合发文指导 15 个试点省份在涉重金属企业、石油化工等高环境风险行业推行环境污染强制责任保险，首次提出了"强制"概念。2007 年 2 月，原国家环保总局和保监会联合发布《关于环境污染责任保险工作的指导意见》（环发〔2007〕189 号），主要内容为在重点行业和区域开展环境污染责任保险的试点示范工作，初步建立重点行业基于环境风险程度投保企业或设施目录以及污染损害赔偿标准，探索与环境责任保险制度相结合的环境管理制度，发挥环境污染责任保险的社会管理和经济补偿的功能，由此正式确立了我国建立环境污染责任保险制度的基本框架。2013 年 1 月，环保部和保监会联合印发了《关于开展环境污染强制责任保险试点工作的指导意见》（环发〔2013〕10 号），主要内容为运用保险工具，以社会化、市场化途径解决环境污染损害，有利于促使企业加强环境风险管理，减少污染事故发生；有利于迅速应对污染事故，及时补偿、有效保护污染受害者权益；有利于借助保险"大数法则"，分散企业对污染事故的赔付压力。

2016 年 8 月 31 日，人民银行等七部委发布《指导意见》，指出在环境高风险领域建立环境污染强制责任保险制度。按程序推动制修订环境污染强制责任保险相关法律或行政法规，由环境保护部门会同保险监管机构发布实施性规章。选择环境风险较高、环境污染事件较为集中的领域，将相关企业纳入应当投保环境污染强制责任保险的范围。

（五）绿色证券进一步规范

未来，我国应促进绿色证券市场的发展，支持符合条件的绿色企业通过资本市场直接融资。随着相关政策的推进，绿色证券正从理念变成现实，且与当前我国重点推广的 PPP 高度契合。在"资产荒"①背景下，各类社会资本参与 PPP 项目尤其是绿色 PPP 项目意愿日益增强。因此，包括准备在绿色 PPP 市场有所作为的企业纷纷将目光瞄准资本市场，希望通过登陆资本市场直接融资。如何对拟上市公司和已上市公司进行环境污染方面的限制，这对监管层提出了新的挑战。

为加快建设我国多层次的绿色金融体系，近年来，我国在绿色信贷、绿色债券、绿色基金、绿色保险以及绿色证券等各方面相继出台了一系列的法规政策，重点是对我国的绿色金融进行规范和激励，如明确金融机构的环境法律责任、上市公司的环境信息披露、鼓励绿色企业发行绿色债券以及在更多领域更广范围更深层次实施强制性的绿色保险等。总的来说，"绿色金融"成为我国目前经济转

---

① 资产荒指收益高的优质资产越来越少。对机构而言，资产荒意味着市场可投的资产覆盖不了资金成本。

型关键时期的焦点。从政策层面来看，我国逐步构建了自上而下的政策框架，绿色金融的发展蓝图已经初步成型。

三、绿色金融支持"一带一路"下的 PPP

目前，全球已经进入以"绿色发展"为主要驱动力的历史新阶段，"绿色发展"也是我国的五大发展理念之一。

（一）"一带一路"国家战略下的 PPP 大机遇

1. 我国企业对外投资加速

近年来，我国企业积极"走出去"开展对外投资、建设，这已经成为国际经济的一大亮点。商务部、国家统计局、国家外汇管理局发布的《2015 年度中国对外直接投资统计公报》显示，2015 年，我国对外直接投资创下 1,456.7 亿美元的历史新高，占全球流量的份额由 2002 年的 0.4% 提升至 9.9%，13 年间增长了 20 多倍，投资流量跃居全球第二。

2."一带一路"加快我国企业"走出去"步伐

目前，作为我国国家战略的"一带一路"① 正促使企业"出海"步伐越来越快。"一带一路"涉及沿线 60 多个国家和地区、40 多亿人口，经济总量超过 20 万亿美元，且沿线大多是正处于经济发展上升期的新兴经济体和发展中国家，对不断"走出去"的中国企业来说，"一带一路"商机无限。② 以基建为例，"一带一路"战略让我国成为国际基建市场上不可或缺的重要一员："一带一路"涉及 60

---

① "一带一路"是"丝绸之路经济带"和"21 世纪海上丝绸之路"的简称。

② 2015 年，我国企业共对"一带一路"相关的 49 个国家进行了直接投资，投资额同比增长 18.2%。2015 年，我国承接"一带一路"相关国家服务外包合同金额 178.3 亿美元，执行金额 121.5 亿美元，同比分别增长 42.6% 和 23.45%。

多个国家和地区的 90 多个港口和城市，重点项目达到几千个，其中，基础设施项目至少三四百个，投资规模高达 60 万亿美元。仅 2015 年 1—4 月，我国企业在"一带一路"沿线国家承包工程业务就完成营业额 185.7 亿美元，同比增长 10.9%。再从产业发展看，"一带一路"战略为我国的高铁、核电等重大装备提供了广阔的市场空间。

3. "一带一路"基建资金缺口大，PPP 迎来机遇

需要指出的是，"一带一路"涉及的国家基础设施建设不平衡且面临巨大的资金缺口问题（据测算，未来 10 年间"一带一路"沿线国家的基础设施投资需求将达到 8 万亿美元或 50 万亿元人民币），资金成为"一带一路"战略的一大掣肘和难题。为满足巨大的资金需求，必须拓宽融资渠道引入社会资本，而采取 PPP 模式引入社会资本成为重要的选择。PPP 模式不仅可以解决"一带一路"沿线国家基础设施建设资金缺口的问题，还可以提升项目尤其是基础设施建设项目的建设和运营效率，伴随"一带一路"战略的落地，PPP 模式将大有可为。

（二）"一带一路"战略下的环境考量

《推动共建丝绸之路经济带和 21 世纪海上丝绸之路的愿景与行动》（2015 年）提出，在投资贸易中突出生态文明理念，加强生态环境、生物多样性和应对气候变化合作，共建绿色丝绸之路。有关"一带一路"战略的"绿色"表述与我国正在进行的生态文明建设、"绿色发展"理念具有异曲同工之处。因此，在"一带一路"战略实施过程中，必须充分考量环境和社会风险因素，做好对外投资建设的环境和社会风险防范。

1. 众所周知，"一带一路"沿线国家和地区地形复杂，生物多样性丰富，重要保护区多，建设大型基础设施项目常常涉及跨界污

染（大气污染、国际河流污染等），因此项目科学合理的选址、选线以及生态环境保护措施尤其重要。

2. 我国部分企业缺乏海外投资环境意识和环境风险管控能力，因环境污染引起舆论炒作以及被所在国政府处以巨额罚款的事时有发生。此外，由于对项目所在国经济发展、地缘政治、人文风俗等不了解，往往为了追求利润最大化而缩减环境投入，导致环境事件发生后付出的成本更高。

3. 我国金融机构对企业的环境和社会管理尚未达到国际化水平，目前国际上主要商业银行广泛采纳的"赤道原则"并未被我国商业银行广泛采用。我国金融机构在"走出去"的过程中，时常受到国际机构的质疑。

（三）绿色金融加码支持"一带一路"战略下的 PPP

包括央企、国企、民企等在内的各种社会资本看好"一带一路"战略下的 PPP 市场大机遇。不过，分析发现，这些海外 PPP 项目大都是高铁、公路、港口等投资规模巨大的基础设施建设项目，社会资本在"一带一路"开疆拓土的过程中，自身也需要外来资金的支持。因此，我国应借鉴多边开发银行的国际经验，通过绿色金融推动"一带一路"倡议的可持续发展。

1. 目前，包括亚洲基础设施投资银行①、金砖国家开发银行、上合组织开发银行以及丝路基金②等，均为推动"一带一路"建设

---

① 2014 年 10 月，首批域内 22 个意向创始成员国在北京签署《筹建亚洲基础设施投资银行备忘录》，到 2015 年 3 月 31 日，亚投行意向创始成员国总数增至 57 个国家，涵盖亚洲、大洋洲、欧洲、非洲、拉美五大洲，其中包括英、德、法等发达国家。财政部相关负责人表示，在亚洲基础设施投资银行机制下，今后还将推动建立一个信托基金，通过推进一些 PPP 项目，实现社会资本的参与，通过改革让社会资本进入公共服务基础设施建设和运营。

② 2014 年，作为配套"一带一路"建设的专项基金，我国政府正式宣布出资 400 亿美元成立"丝路基金"，为"一带一路"沿线国家基础设施建设、资源开发、产业合作等有关项目提供投融资支持。

提供资金保障，其中我国发挥了非常重要的作用①。

2. 区域性和国际性组织也为"一带一路"的基础设施建设提供部分资金。福州市是中国古代"海上丝绸之路"的重要发祥地，2014年5月，福州市政府、国开行福州分行、中非发展基金合作成立了"海上丝绸之路基金"，总规模上百亿元，通过基金的市场化运作参与"21世纪海上丝绸之路"建设。

3. 作为"一带一路"的重要组成部分，金融发挥着不可替代的桥梁和纽带作用。随着"一带一路"战略的逐步实施和我国企业加快在沿线国家和地区的投资、建设，我国银行业金融机构也加快了海外拓展。近年来，央行等金融管理部门积极引导各金融机构不断加大对"一带一路"建设项目的资金融通力度。

数据显示，截至2015年年末，中国进出口银行绿色信贷余额766亿元，同比增长45%，该行对项目环评实施一票否决制。报道称，中国进出口银行优惠贷款支持的埃塞俄比亚阿达马风电项目是第一个采用中国资金、技术、标准、设备、设计、施工、咨询和运营管理服务整体出口的风电总承包项目，在助推我国绿色企业全链条"走出去"的同时，也提升了埃塞俄比亚利用清洁能源的能力，帮助其发展了低碳产业，保护了生态环境。截至2014年底，国开行在"一带一路"64个沿线国家签订1,373亿美元融资协议，支持项目超过400个，涉及能源、矿产、交通基础设施、产业园区、装备制造、农业等领域，贷款余额约占全行国际业务总额的1/3。截至2015年底，共有9家中资银行在"一带一路"沿线24个国家设立了56家一级分支机构。预计未来十年，为实施"一带一路"战略，中

---

① 公开资料显示，目前"一带一路"融资来源主要包括：一是亚洲基础设施投资银行，资本规模为1,000亿美元，其中中国出资400亿美元；丝路基金，首期规模为400亿美元，资金来源为外汇储备、中国投资公司、中国进出口银行、国开金融，资本比例为65%、15%、15%、5%；金砖国家银行，资本金规模为1,000亿美元；上合组织开发银行。

国将调动 1 万亿美元国家资金用于超过 65 个国家的基建项目。

随着"一带一路"战略的逐步落实，沿线国家的绿色 PPP 项目亦将纷纷落地。"绿色金融"成为我国对外战略的"润滑剂"和"助推剂"，企业在支持当地建设的同时，又履行好了社会责任、保护了当地环境，对改善国家形象、提升企业对外投资实力具有重要意义。

附录　相关文件清单

（按本书引用的先后顺序）

1. 中国银监会关于印发《节能减排授信工作指导意见》的通知（银监发〔2007〕83 号）；

2. 中国银监会关于印发绿色信贷指引的通知（银监发〔2012〕4 号）；

3. 中国银监会　国家发改委关于印发能效信贷指引的通知（银监发〔2015〕2 号）；

4. 上海证券交易所关于开展绿色公司债券试点的通知（上证发〔2016〕13 号）；

5. 深圳证券交易所关于开展绿色公司债券业务试点的通知（深证上〔2016〕206 号）；

6. 人民银行等七部委发布《关于构建绿色金融体系的指导意见》（银发〔2016〕228 号）；

7. 工业和信息化部关于印发《工业绿色发展规划（2016—2020年)》的通知（工信部规〔2016〕225 号）；

8. 关于落实环保政策法规防范信贷风险的意见（环发〔2007〕108 号）；

9. 关于财政资金注资政府投资基金支持产业发展的指导意见（财建〔2015〕1062 号）；

10. 中国银监会关于印发银行业金融机构绩效考评监管指引的通知（银监发〔2012〕34 号）；

11. 关于规范向中国人民银行征信系统提供企业环境违法信息工作的通知（环办〔2008〕33 号）；

12. 关于全面落实绿色信贷政策　进一步完善信息共享工作的通知（环办〔2009〕77 号）；

13. 关于将企业环境违法信息纳入中国人民银行企业信用信息基础数据库的通知（京环发〔2013〕146 号）；

14. 关于印发《绿色债券发行指引》的通知（发改办财金〔2015〕3504 号）；

15. 国务院关于积极发挥新消费引领作用加快培育形成新供给新动力的指导意见（国发〔2015〕66 号）；

16. 中国人民银行关于发行绿色金融债券有关事宜的公告（中国人民银行公告〔2015〕第 39 号）；

17. 绿色债券支持项目目录（2015 年版）（中国金融学会绿色金融专业委员会编制）；

18. 全国银行间债券市场金融债券发行管理办法（中国人民银行令〔2005〕第 1 号）；

19. 关于加强上市公司环境保护监督管理工作的指导意见（环发〔2008〕24 号）；

20. 上海证券交易所上市公司环境信息披露指引（上海证券交易所 2008 年 5 月 14 日颁布）；

21. 关于环境污染责任保险工作的指导意见（环发〔2007〕189 号）；

22. 关于开展环境污染强制责任保险试点工作的指导意见（环发〔2013〕10 号）。

参考文献

［1］张菲菲．银监会专家：建立专业担保机制为绿色信贷"减负"［N］．第一财经日报，2016 – 09 – 14．

［2］安国俊．绿色基金：政府与社会资本合力推动绿色发展［N］．金融时报，2016 – 08 – 25．

［3］郭安琪．大唐新能源完成发行2016年（第二期）绿色公司债［N］．智能财经，2016 – 10 – 24（2）．

［4］危昱萍．中国今年将发行3000亿元绿色债券成全球最大市场［N］．21世纪经济报道，2016 – 03 – 24．

［5］祝嫣然．发债20年来无一违约央企三峡集团是如何做到的？［N］．第一财经，2016 – 10 – 20．

［6］蒋瑜沄．三峡集团收购德国最大海上风电项目［N］．中国能源报，2016 – 06 – 20（18）．

［7］赵一蕙．中国节能联合上交所将绿色资产推向资本市场［N］．上海证券报，2016 – 09 – 28．

［8］张蕊．环保企业缘何扎堆发行绿色债券？［N］．中国环境报，2016 – 10 – 25．

［9］闫沁波．绿色债券发行渐近界定和信披成关键［N］．21世纪经济报道，2015 – 06 – 29．

［10］杨虹．绿色债券市场迎来历史性机遇项目界定和信息披露还需完善［N］．中国经济导报，2016 – 09 – 28（6）．

［11］廖原，陆文钦，高文江，贺畅．环境信息披露是绿色债券

市场健康发展的关键［J］．债券，2016－12－29．

［12］高国华．国开行开创"绿色金融"服务新模式［N］．金融时报，2016－10－26．

［13］黄斌．武汉地铁绿色债券嵌入"债贷基组合"首单发行利率3.35%［N］．21世纪经济报道，2016－10－26．

［14］王遥，曹畅．绿色债券发展的五个关键点［N］．21世纪经济报道，2015－06－29．

［15］马骏．中国绿色金融体系雏形初现［N］．人民日报，2016－09－02．

［16］G20绿色金融研究小组．G20绿色金融综合报告［R］．2016．

［17］王琰．关于我国绿色债券市场发展的探讨［J］．债券，2016－10－31．

［18］马骏、施娱．绿色金融政策中国如何运用［DB/OL］．http：//www.cssn.cn/jjx/jjx_gd/201407/t20140709_1246534.shtml.2014－07－08．

［19］中国金融信息网．CBI：2018年全球贴标绿色债券每年发行量将达300［DB/OL］．http：//news.k618.cn/fae/cjxs/201608/t20160820_8715953.html.2016－08－20．

［20］邱光龙．我国"贴标"绿色债券已逐步驶入快车道［N］．上海证券报，2016－04－04．

［21］中国经济网．浦发银行成功发行第二期150亿绿色金融债券［DB/OL］．http：//finance.sina.com.cn/roll/2016－03－29/doc－ifxqsxic3577760.shtml.2016－03－29．

［22］王遥．中国绿色债券如何迈好第一步［N］．上海证券报，2015－11－18．

［23］youmpajyob.福建海峡银行股份有限公司福州五一支行诉

长乐亚新污水处理有限公司、福州市政工程有限公司金融借款合同纠纷案（最高人民法院审判委员会讨论通过 2015 年 11 月 19 日发布）［N］．人民法院报，2016 – 02 – 12．

［24］雷英杰．节能环保项目及服务贷款余额 5.57 万亿元绿色信贷或将释放更多生态红利［J］．环境经济杂志，2016 – 10 – 11．

［25］张捷．商业银行发展绿色信贷的对策建议［N］．江南时报，2014 – 06 – 23．

［26］朱弢．"绿色信贷"仍面临诸多困难［N］．财经，2008 – 02 – 13．

［27］刘树铎．绿色信贷仍面临诸多困难［N］．中国经济时报，2008 – 02 – 18．

［28］柳立．全面认识绿色信贷［N］．金融时报，2015 – 10 – 12．

［29］张捷．商业银行发展绿色信贷的对策建议［N］．江南时报，2013 – 09 – 23．

［30］连平，武雯．加快发展绿色金融推动商业银行转型［N］．中国证券报，2016 – 09 – 13．

［31］王硕．商业银行的绿色金融发展策略［DB/OL］．http：//bank. hexun. com/2015 – 03 – 26/174427146. html. 2015 – 03 – 26．

［32］曹力水．2015 年银行业 8 万亿绿色信贷助力绿色环保［DB/OL］．http：//finance. ifeng. com/a/20160624/14523731 _ 0. shtml. 2016 – 06 – 24．

［33］薛亮．绿色金融助力产业转型与升级［N］．金融时报，2016 – 10 – 04．

［34］何金．绿色信贷的转型启示［N］．福建日报，2016 – 09 – 08．

［35］周萃．推进业务经营绿色转型打造绿色信贷领军银行

［N］．金融时报，2016 – 10 – 17．

［36］刘叶琳．环保倒逼钢铁行业绿色转型来源［N］．国际商报，2016 – 07 – 28．

［37］王硕．商业银行的绿色金融发展策略［DB/OL］．http：//forex. hexun. com/2016 – 04 – 28/183599410. html. 2016 – 04 – 28．

［38］李若愚．绿色金融在发展中扮演重要角色［N］．上海证券报，2015 – 07 – 02．

［39］俞春江．五大关键促进中国绿色金融健康发展［DB/OL］．http：//business. sohu. com/20160902/n467328881. shtml. 2016 – 09 – 02．

［40］碳金融研究．国内外银行实施赤道原则的现状及趋势［DB/OL］．http：//blog. sina. com. cn/s/blog_ 60572fc20100p8qx. html. 2012 – 01 – 20．

［41］环保部．绿色信贷调研报告［DB/OL］．http：//www. docin. com/p – 211194337. html. 2012 – 02 – 25．

［42］史瑞建．绿色产业的特点［DB/OL］．http：//cit-y. cri. cn/25364/2010/01/30/4085s2488455. htm. 2010 – 01 – 30．

［43］吴青．绿色金融创新促进可持续发展［N］．天津日报，2014 – 06 – 09．

［44］赵静．绿色金融体系已经成为国家战略［N］．绿色金融观察，2015（59）．

［45］汪婷婷，易贯香．博天环境绿色动力等30余家环保企业排队IPO审核［DB/OL］．http：//sanwen8. cn/a/bkecwqo. html. 2016 – 12 – 28．

［46］刘国锋．首期"绿色公益榜"发布证券业响应绿色债券助力经济转型升级［N］．中国证券报，2016 – 11 – 06．

［47］朱源，施国庆，李巍，吴婧，程红光，姜华，李天威．实施"一带一路"战略要充分考量环境因素［N］．中国环境报，2015 – 11 – 07．

［48］刘秀凤．绿色债券受追捧，市场完善需努力［N］．中国环境报，2016 - 04 - 14.

［49］朱家雲，薛泽洋，徐小雅，曹倩倩，张迪．绿债深度研究：市场仍需完善［DB/OL］．http：//mt. sohu. com/20160818/n464922259. shtml. 2016 - 08 - 08.

［50］易娜娜．绿色金融开花　国企民企均沾［DB/OL］．http：//www. cnenergy. org/hb/201610/t20161021_ 396888. html. 2016 - 10 - 21.

［51］马骏．中国绿色金融展望［J］．中国金融，2016 - 08 - 17.

［52］中国环境报．绿色金融如何助推环境保护？［N］．中国环境报，2016 - 08 - 10.

［53］李文．兴业银行打造全方位"绿色银行"［N］．经济日报，2012 - 05 - 31.

［54］中国人民银行杭州中心支行、湖州市中心支行联合课题组．美国地方性绿色银行的发展及启示［DB/OL］．http：//opinion. caixin. com/2016 - 04 - 01/100927584. html. 2016 - 04 - 01.

［55］杨爱群，李俊伟．内蒙古批准设立环保基金［N］．中国环境报，2016 - 02 - 05.

［56］陈周阳．复旦大学报告：企业环评信息披露占比不足 30%［DB/OL］．http：//field. 10jqka. com. cn/20161203/c595340282. shtml. 2016 - 12 - 03.

［57］检测服务．迎接 PPP 模式 3.0 时代——以可持续发展为导向［DB/OL］．https：//sanwen8. cn/p/4c1IYDm. html. 2016 - 10 - 30.

［58］王辉．"绿色金融"指数化投资发展空间巨大［N］．中国证券报，2016 - 09 - 21.

［59］秦二娃，王骏娴．"绿色股票指数"的发展［DB/OL］．http：//mp. weixin. qq. com/s? _ _ biz = MjM5MTQxNzcyMQ% 3D% 3D&idx = 1&mid = 2650508276&scene = 21&sn = 2928324af201bc4c456fd9e

1c64156c7. 2016 – 09 – 02.

[60] 天天基金网. 绿色股票指数陆续推出 绿色产业渐成热点 [DB/OL]. http://fund. eastmoney. com/news/1590, 20160926667794425. html. 2016 – 09 – 26.

[61] 何洛. 云南洱海环湖截污 PPP 项目为何得以顺利实施 [N]. 中国财经报, 2016 – 08 – 26.

[62] 徐燕燕. 安国俊: 要让更多社会资本进入"绿色产业" [N]. 第一财经, 2016 – 09 – 04.

[63] 王璐. 碳市场交易体系构建进入冲刺期 碳配额分配已开始 [N]. 绿色金融, 2016 – 10 – 31.

[64] 刘少华. 中国将启动全球最大碳市场 [N]. 人民日报 (海外版), 2016 – 12 – 06 (9).

[65] 张晓健. 建行河北省分行绿色信贷推动经济转型发展 [N]. 河北日报, 2016 – 11 – 29 (13).

[66] 江蓓蓓. 窥探英国绿色投资银行管理模式 [DB/OL]. http://news. makepolo. com/6424553. html. 2016 – 08 – 05.

[67] 张丽. 绿色银行发展的国际实践及启示 [N]. 金融时报, 2016 – 07 – 18.

[68] 王振红. 全国碳市场建设大致可分三个阶段 [DB/OL]. http://news. 163. com/15/0625/16/ASVGHPP200014JB6. html. 2015 – 06 – 25.

[69] 鲁政委, 汤维祺. 国内碳市场: 如何从地区试点走向全国统一 [N]. 金融时报, 2016 – 08 – 31.

[70] 马骏. "十三五"期间中国绿色金融的发展前景 [J]. 中国金融杂志, 2016 – 08 – 17.

[71] 肖子琦. 钓鱼嘴 PPP 整治项目招标结束 民生银行以 8.24% 最低年化收益率中标 [DB/OL]. http://news. 163. com/15/

0529/18/AQQ83S3L00014AEE. html. 2015 - 05 - 29.

［72］吴红军. 大力构建绿色金融机制［N］. 金融时报，2012 - 06 - 07.

［73］王振红. 绿色保险与绿色证券在我国仍处于探索和起步阶段［DB/OL］. http：//news. 163. com/15/0625/16/ASVGHQP900014JB6. html. 2015 - 06 - 25.

［74］澎湃新闻网（上海）. 方星海：积极支持绿色企业上市融资和再融资［DB/OL］. http：//money. 163. com/16/1024/02/C442SS270025814T. html. 2016 - 10 - 24.

［75］高平，薛海军. 呼和浩特地铁开工建设［N］. 光明日报，2015 - 08 - 21.

［76］全景网. 中国中铁联合中标呼和浩特轨道交通 PPP 项目［DB/OL］. http：//stock. eastmoney. com/news/1354，20160805653072486. html. 2016 - 08 - 05.